PRIX : **50** CENTIMES   LIBRAIRIE DE MICHEL LÉVY FRÈRES   PRIX : **50** CENTIMES
RUE VIVIENNE, 2 BIS

ALADIN
OU
LA LAMPE MERVEILLEUSE

FÉERIE NOUVELLE EN QUATRE ACTES, EN VINGT TABLEAUX

PAR

MM. ADOLPHE D'ENNERY ET HECTOR CREMIEUX

MUSIQUE DE M. DEGROOT. — BALLETS DE M. HONORÉ. — DÉCORS DE MM. DESPLESCHIN, CAMBON, DARAN, POISSON, ROBECCHI, FROMONT, FILETTE, ZARA ET LALOUE. — COSTUMES DESSINÉS PAR M. ALBERT, EXÉCUTÉS PAR MM. FERDINAND ET PHILIS. — MACHINES DE M. RIOTTON.

REPRÉSENTÉE POUR LA PREMIÈRE FOIS, A PARIS, SUR LE THÉATRE IMPÉRIAL DU CHATELET, LE 3 OCTOBRE 1863.

DISTRIBUTION DE LA PIÈCE.

BABA...............................	MM. COLBRUN.	PREMIÈRE FÉE.................	Mmes ÉLIZA.
LE SCHAB........................	CHARLES POTIER.	DEUXIÈME FÉE.................	CARPENTIER.
ALADIN...........................	ROSIER.	TROISIÈME FÉE................	JULIA.
BOU-SCHAIBA.................	TACOVA.	QUATRIÈME FÉE...............	GABRIELLE.
SCHAIBA-BOU..................	TOUZÉ.	CINQUIÈME FÉE................	VADÉ.
MESROUR........................	DONATO.	SIXIÈME FÉE....................	MARIE.
UN MARCHAND DE DATTES..	THEOL.	PREMIER CYGNE...............	CLÉMENCE.
LE CADI..........................	NOEL.	DEUXIÈME CYGNE.............	JULIA.
LE MUPHTI......................	MAX DURAND.	TROISIÈME CYGNE............	PIEROUX.
UN EUNUQUE..................	LOUIS DEPY.	QUATRIÈME CYGNE...........	HERMINIE.
UN SERVITEUR................	COCHET.	UN NÉOPHYTE..................	ROSE.
UN DROGUISTE................	DARGOURT.	PREMIÈRE FEMME.............	LOUISE.
UN EUNUQUE..................	LANGLOIS.	DEUXIÈME FEMME.............	HERMINIE.
GRUDINDOIE...................	Mmes TAUTIN.	UNE FEMME DU PEUPLE.....	CASSARD.
NÉRÉA...........................	ESCLOZAS.		
BADROULBOUDOUR..........	THERIC.		
RAMAZAN........................	CORALY.		

SEIGNEURS, DAMES DE LA COUR, HABITANTS D'ANGORA, GÉNIES, ESPRITS, ESCLAVES, EUNUQUES, GARDES, DÉMONS.

— Tous droits réservés —

PROLOGUE.
PREMIER TABLEAU.
Le laboratoire d'enchantements du grand vizir Bou-Schaïba.

SCÈNE PREMIÈRE.
BOU-SCHAIBA, RAMAZAN.

BOU-SCHAIBA, auprès d'un fourneau allumé, sur lequel il jette des poudres.

Souffle, souffle, Ramazan.

RAMAZAN, pendu à un gros soufflet.

Mais je ne fais que souffler. J'ai tant soufflé que j'en suis essoufflé.

BOU-SCHAIBA.

Continue... ça ne me fatigue pas !

RAMAZAN.

Allons, tant mieux ! (Bou-Schaïba jette une poudre sur le fourneau ; une flamme verte s'en échappe.)

BOU-SCHAÏBA.
Courage!... la flamme est déjà verte... si elle devient bleue nous sommes au bout de nos peines.
RAMAZAN.
Ah! maître, je donnerais bien quelque chose pour voir votre expérience passer au bleu.
BOU-SCHAÏBA.
Attends, je vais t'aider... (Il s'éloigne du fourneau et trace des ronds par terre.) Puissantes fées, je vous conjure de quitter votre royaume azuré et d'apparaître devant moi sans retard.
RAMAZAN, *à part*.
C'est drôle comme cela m'aide.
BOU-SCHAÏBA.
Je vous conjure... je vous conjure... je vous conjure. (Chaque fois qu'il a fait sa conjuration, il jette de la poudre sur le fourneau. La première fois une flamme verte s'en échappe, la deuxième fois une flamme bleue. A la troisième fois le fourneau éclate. Ramazan monte en l'air et disparaît, un lutin apparaît sur le fourneau.)
LA VOIX DE RAMAZAN.
Au secours! au secours!
BOU-SCHAÏBA.
Patatras! voilà le troisième souffleur que j'use.

SCÈNE II.

BOU-SCHAÏBA, UN LUTIN.

LE LUTIN, *riant*.
Ah! ah! ah!
BOU-SCHAÏBA, *se retournant*.
Par Mahomet! qu'ai-je vu? Qui es-tu?
LE LUTIN, *chantant et descendant du fourneau en dansant*.
Qui je suis?

Air : *Polka des Riflemen*.

Je suis le fin
Lutin,
Qui du soir au matin,
Sur un air malin
Chante un refrain
Taquin.
Le refrain solennel,
Qui dit à tout mortel
Que rien n'est éternel.
Je suis cet esprit folâtre
Qui se cache au fond de l'âtre!
Regardant
Et suivant
En me grandissant,
Ce qu'engendrent de sottises,
Les têtes plus ou moins grises,
De tous ceux
Que chez eux
L'on croit sérieux!
Je suis le fin
Lutin, etc.

J'étais dans ce foyer tout à l'heure, et ce que tu prenais pour les pétillements du charbon n'était que les éclats de mon rire.
BOU-SCHAÏBA.
Tu as le rire étincelant. Et de quoi riais-tu si fort?
LE LUTIN.
De ta peine et de ton ardeur à conjurer les fées. Rien ne m'amuse comme de contre-carrer les ambitions et les travaux des humains.
BOU-SCHAÏBA.
C'est donc toi qui...
LE LUTIN.
C'est moi qui ai fait sauter en l'air ta cuisine magique au moment où j'ai vu que tu allais réussir.
BOU-SCHAÏBA.
J'allais réussir!... et tu as osé... mais petit scélérat, tu ne sais donc pas de quelle importance était la réussite de ce travail! ne sais-tu pas que depuis quatre ans mon fils aîné est né...
LE LUTIN.
Tu dis?
BOU-SCHAÏBA.
Je dis : mon fils aîné est né; je l'appelle mon aîné, en attendant les autres.
LE LUTIN.
Puisque tu n'as que celui-là, c'est ton fils unique.
BOU-SCHAÏBA.
Soit! ne sais-tu pas que depuis que mon fils unique est né?
LE LUTIN.
Je sais tout cela. Tu n'es pas un sorcier ordinaire, tu es le grand vizir Bou-Schaïba, je connais ton ambition... Ton puissant maître le Schah du royaume d'Angora n'a pas d'héritiers mâles, et tu te dis que peut-être un jour ton fils Schaïba-Bou pourrait bien...
BOU-SCHAÏBA.
Chut!... si l'on t'entendait.
LE LUTIN.
Calme-toi et écoute... Tu veux évoquer les génies supérieurs afin de placer ton fils sous leur protection.
BOU-SCHAÏBA.
C'est vrai...
LE LUTIN.
Eh bien, je suis le filleul des fées... elles ne me refuseront rien, je puis te les amener...
BOU-SCHAÏBA.
Tu ferais cela?
LE LUTIN.
Quand veux-tu les voir?
BOU-SCHAÏBA.
Quand? mais aujourd'hui, aujourd'hui même!
LE LUTIN.
Soit! Elles répondront à ton premier appel. Et nous nous amuserons.
BOU-SCHAÏBA.
Bien vrai?
LE LUTIN.
Bien vrai! à tantôt! Et prépare-leur un accueil digne d'elles.

REPRISE.

Je suis le fin
Lutin, etc.
(Il s'éloigne.)

BOU-SCHAÏBA, *courant après lui*.
Ah! tu es mon sauveur, cher petit lutin... Viens que je t'étreigne.
LE LUTIN.
Eh bien! (On entend le bruit d'un soufflet, le lutin disparaît par le fourneau.)
BOU-SCHAÏBA, *se tenant la joue*.
Voilà un petit jeune homme qui a de drôles de façons d'entrer et de sortir... C'est égal, s'il a dit vrai, je touche au but. Quelqu'un! que me veut-on?

SCÈNE III.

BOU-SCHAÏBA, UN SERVITEUR.

LE SERVITEUR.
Le puissant Schah du royaume d'Angora, ton souverain maître et le mien, daigne t'honorer de sa visite.
BOU-SCHAÏBA.
Le Schah!... il est là!
LE SERVITEUR.
En personne.
BOU-SCHAÏBA.
Je cours.
LE SERVITEUR.
Le voici.

SCÈNE IV.

LES MÊMES, LE SCHAH, GARDES.

CHŒUR.

Air : *l'Ours et le pacha*.
Place! qu'on fasse place!
Habitants d'Angora,
C'est votre schah qui passe!
Il va chez Bou-Schaïba!
BOU-SCHAÏBA, *s'inclinant*.
Votre grandeur propice.
Daigne se déranger...
LE SCHAH.
J'ai besoin d'exercice,
Car je viens de manger.

REPRISE DU CHŒUR.

Place! qu'on se place...
LE SCHAH, *au chœur*.
Assez!
BOU-SCHAÏBA.
Quel honneur pour moi, grande lumière!
LE SCHAH.
Bonjour, vizir, bonjour, je viens causer familièrement avec toi asseyons-nous, veux-tu?

BOU-SCHAÏBA.
Devant vous, jamais le soleil de puissance!

LE SCHAH.
Ne fais donc pas de manières. (Il le pousse sur un siège.)

BOU-SCHAÏBA.
Votre Hautesse est gaie!...

LE SCHAH.
J'ai bien déjeuné; écoute et sois tout ouïe...

BOU-SCHAÏBA.
J'écoute.

LE SCHAH.
Tu sais, mon ami, que la schatie, mon auguste épouse, vient de me donner deux filles...

C'est moi-même qui, en qualité de grand vizir, l'ai annoncé officiellement à vos sujets, du haut d'un éléphant et à son de trompe.

LE SCHAH.
Oui!.. Eh bien!.. j'ai pensé à donner en cette occasion une grande réjouissance à mon peuple.

BOU-SCHAÏBA.
Si cela ne coûte pas trop cher à Votre Hautesse.

LE SCHAH.
Ça ne me coûtera pas trop cher... ce sera même une économie... c'est très-simple... après avoir longtemps cherché ce qui pourrait faire le plus de plaisir à mes sujets, j'ai trouvé ceci : je destitue tous mes vizirs.

BOU-SCHAÏBA.
Mais, grande lumière, j'en suis le premier de vos vizirs.

LE SCHAH.
Je te destitue le premier.

BOU-SCHAÏBA.
Allons donc!

LE SCHAH.
Comment! allons donc? Tu dis : allons donc, à ton souverain!

BOU-SCHAÏBA.
Pardon! grande lumière, mais l'étonnement, la surprise...

LE SCHAH.
Je te pardonne, mais je te destitue.

BOU-SCHAÏBA.
Mais pourquoi... grande lumière?

LE SCHAH.
Air d'*Aristippe*.
Tu vas bien vite me comprendre,
Je crois la chose à ta hauteur,
Mes sujets, je dois te l'apprendre,
Ne te portent pas dans leur cœur.
Qu'aurais-tu fait, je t'en prie, à ma place?
Entre eux et toi, j'étais dans l'embarras,
Mais je me dis : Un vizir se remplace
Et les sujets ne se remplacent pas!

BOU-SCHAÏBA.
Comme il plaira à Votre Hautesse. Je vais faire mes paquets et quitter le palais.

LE SCHAH.
Bou-Schaïba, tu ne m'en veux pas?

BOU-SCHAÏBA.
En aucune façon, phare de l'Orient... seulement, je suis tout chagrin de vous quitter au moment où j'avais de si grands services à vous rendre.

LE SCHAH.
Lesquels?.. Tu dis toujours cela!

BOU-SCHAÏBA.
Votre Hautesse sait que je m'occupe d'enchantements et de magie.

LE SCHAH.
C'est vrai, mais je n'y crois pas!.. je suis voltairien, moi, mon cher...

BOU-SCHAÏBA.
Je ne me permettrais pas de discuter avec Votre Hautesse, je lui dirai seulement qu'elle broute sur les coteaux de l'erreur.

LE SCHAH.
Impertinent! continue...

BOU-SCHAÏBA.
Après dix ans d'opérations, de sulfumigations et de lectures de livres magiques, j'ai enfin trouvé le moyen d'évoquer en Asie les blondes fées du pays Celte.

LE SCHAH.
Toi, tu as fait cela?

BOU-SCHAÏBA.
Non, c'est le chat peut être?

LE SCHAH.
Insolent!.. continue!..

BOU-SCHAÏBA.
Et je comptais, pensant à vous autant qu'à vos sujets, vous donner la joie d'appeler ces fées au berceau de vos filles qui seraient ainsi comblées de faveurs et de dons.

LE SCHAH.
Tout cela est-il bien vrai? Ce ne sont pas des histoires inventées pour te faire regretter?

BOU-SCHAÏBA.
Votre Hautesse veut-elle que je le jure sur sa tête?...

LE SCHAH.
Non, ce serment te serait trop pénible, jure sur la tienne, j'aime mieux cela?

BOU-SCHAÏBA.
Eh bien! je le jure sur ma précieuse existence.

LE SCHAH.
Alors, je te crois et ce n'est plus toi que je révoque, c'est tout ce que je viens de dire... Amène-moi ces fées au berceau de mes filles et je te nomme grand vizir de la paix, vizir de la guerre, vizir de la marine, vizir des finances, vizir de tous les vizirats et par-dessus le marché président du divan des vizirs.

BOU-SCHAÏBA.
C'est trop, grande lumière... c'est trop.

LE SCHAH.
Non... non... mais, allons, évoque, évoque... (Aux seigneurs.) Sortez!... sortez... (Les seigneurs sortent.)

BOU-SCHAÏBA, offrant au schah un vase de cristal.
Que Votre Hautesse veuille bien prendre ce cristal... limpide et transparent comme mon cœur, fragile comme votre raison.

LE SCHAH.
Tu es plus poli pour toi que pour moi.

BOU-SCHAÏBA, traçant cinq cercles l'un à côté de l'autre du bout de sa baguette.
Votre Hautesse a-t-elle assez de cinq fées?

LE SCHAH.
Pourquoi pas la demi-douzaine, c'est un chiffre.

BOU-SCHAÏBA.
Il ne faut pas trop en demander.

LE SCHAH.
Si fait, si fait, je veux six fées.

BOU-SCHAÏBA.
Décidément?

LE SCHAH.
Oui, j'aime les chiffres ronds. Quand on a six fées on s'y fait plus aisément.

BOU-SCHAÏBA, frappant six fois de sa baguette le vase de cristal.
Soit!

Par toutes les vertus de Salomon le sage!
Par le fils de David, le savant immortel!
Je t'en conjure ici, troupe au brillant corsage,
Réponds à cette voix! accours à cet appel!

SCÈNE V.

LES MÊMES, LES FÉES.

A chaque coup de baguette sur le cristal, une fée sort d'un des cercles qu'il a tracés.

CHŒUR.
LES FÉES.

Air : *Ah! que la chaleur est accablante*. (LES BAVARDS.)
Notre baguette fend les airs
Le zéphir la guide,
Suivons sur son aile rapide
Le chemin des éclairs.
Quelle est la voix qui nous appelle!
Mes sœurs, mes sœurs, que nous veut-elle?

REPRISE.
Notre baguette fend les airs,
Le zéphir la guide, etc.

LE SCHAH.
Il avait dit vrai! je suis muet d'étonnement!

BOU-SCHAÏBA.
Puissantes fées, mon sublime maître, le schah du royaume d'Angora est tellement favorisé du ciel qu'il vient d'obtenir deux filles à la fois et après cinq mois et demi de mariage!.. quelle faveur!

PREMIÈRE FÉE.
Ah! Oui.

BOU-SCHAÏBA.

Or, l'avenir de ces deux héritières préoccupe mon auguste maître.

DEUXIÈME FÉE.

C'est bien naturel.

BOU-SCHAÏBA.

J'ai de mon côté depuis quatre ans un fils qui promet d'avoir une belle intelligence, car il rappelle les premières années de son père.

DEUXIÈME FÉE.

Ah! vraiment?

LE SCHAH.

Moi et mon grand vizir nous voudrions donc que vous présidassiez à la destinée de ces êtres, en les couvrant de votre protection et en les comblant de tout ce que vous aurez de mieux sur vous en fait de dons...

PREMIÈRE FÉE.

Avez-vous bien réfléchi à ce que vous demandez?

BOU-SCHAÏBA.

Si bien que nous allons faire quérir à l'instant les trois enfants et...

DEUXIÈME FÉE.

C'est inutile... et puisque vous êtes bien décidés. (Elle étend sa baguette, trois berceaux d'enfants sortent de dessous terre.)

LE SCHAH.

Tiens! mes filles.

BOU-SCHAÏBA.

Et mon fils... Doutez-vous encore, grand prince?

LE SCHAH.

Non! et je brûle d'impatience...

PREMIÈRE FÉE.

Retirez-vous... et nous laissez délibérer sur le sort de ces enfants.

LE SCHAH.

Viens, mon fidèle vizir... Tu es un grand magicien et je veux te présenter à mes sujets, comme mon grand vizir à perpétuité... (Bou-Schaïba et le Schah sortent.)

SCÈNE VI.

LES FÉES.

PREMIÈRE FÉE.

Mes sœurs, la séance est ouverte : procédons par ordre, les filles du schah, d'abord, et celle-ci pour commencer. (Elle désigne un berceau.)

DEUXIÈME FÉE.

Le premier de tous les dons pour une femme étant la beauté, je lui donne des cheveux de la couleur de l'aile du corbeau.

TROISIÈME FÉE.

Moi, je lui donne des yeux faits du plus rare des diamants, le diamant noir...

QUATRIÈME FÉE.

Des lèvres de rubis.

CINQUIÈME FÉE.

Des dents plus blanches que l'ivoire de l'éléphant.

PREMIÈRE FÉE.

Et moi une taille élancée et souple comme celle du fier palmier... Passons au second berceau...

DEUXIÈME FÉE.

A celle-ci je donne des cheveux de la couleur des rayons du soleil.

QUATRIÈME FÉE.

Des lèvres de corail rose.

CINQUIÈME FÉE.

Des dents plus transparentes que la nacre des plus fins coquillages.

PREMIÈRE FÉE.

Et la démarche de notre gracieuse reine la fée Azurine... Et maintenant prodiguons-leur tous les dons de l'esprit et du cœur.

SCÈNE VII.

LES MÊMES, NÉRÉA.

Oh! pour cela, mes sœurs, je m'y oppose...

TOUTES LES FÉES.

Néréa!

PREMIÈRE FÉE.

Qu'est-ce à dire?

NÉRÉA.

Mais sans doute, je veux vous empêcher de faire une maladresse... Que vous donniez à ces enfants la beauté, c'est déjà grave, mais si vous croyez leur être utile en les comblant de tous les dons du cœur et de l'esprit, vous vous trompez singulièrement, et m'est avis que vous allez leur rendre un bien mauvais service.

PREMIÈRE FÉE.

Explique-toi!

NÉRÉA.

RONDEAU.

Air : l'Étudiant.

Plus prudentes que nos aînées,
Chères sœurs, quand nous présidons
A de mortelles destinées,
Soyons avares de nos dons.

Tous ces êtres-là sont infimes,
Pourquoi donc combler sans profit
De mille qualités sublimes,
Ce qu'ils ont de cœur ou d'esprit?

Ces qualités qu'on leur ajoute,
N'ajoutent rien à leur bonheur,
Car trop de bagages en route,
Gênent les pas du voyageur.

Plus il a d'esprit, et plus l'homme
Autour de lui voit d'envieux;
Il compte tous les sots en somme,
Et c'est un bataillon nombreux.

Si l'esprit se fait à lui-même,
Bien des ennemis ici-bas,
C'est avec le cœur que l'on aime
Et que l'on se fait des ingrats.

Tous les chagrins de ce bas monde,
Ne dérivent-ils pas du cœur?
Peut-on regarder à la ronde,
Sans rencontrer quelque douleur?

Si l'esprit et le cœur sur terre,
Ne permettent point d'être heureux,
Devrions-nous pas, pour bien faire,
Les leur supprimer tous les deux?

Oui, l'esprit et le cœur sur la terre
Ne permettent pas d'être heureux,
Et nous devrions pour bien faire
Les leur supprimer tous les deux.

PREMIÈRE FÉE.

Comment! tu crois vraiment que ce serait leur rendre service, que de leur enlever à chacune l'esprit et le cœur?

NÉRÉA.

Tout au moins l'un des deux.

LES FÉES.

Elle a raison, elle a raison.

NÉRÉA.

A celle-ci donc pour la préserver des jaloux et des envieux, j'enlève l'esprit, et à celle-là...

PREMIÈRE FÉE.

Arrêtez!

NÉRÉA.

Qu'est-ce donc?

PREMIÈRE FÉE.

Je ne veux pas laisser priver cette enfant des plus douces joies de la vie. Je veux qu'elle possède au contraire, la douceur, la bonté, la tendresse, la charité, en un mot tous les dons du cœur...

NÉRÉA.

Soit, elle les possèdera tous... tous excepté l'amour.

TOUTES.

Pourquoi?

NÉRÉA.

Oui l'amour, source de tous les chagrins, de toutes les désillusions.

TOUTES.

Oui, c'est vrai!...

NÉRÉA.

Dans l'intérêt de son repos et de son bonheur, je décide donc que, sensible, douce et tendre pour tout le monde, elle prendra sur le champ en aversion quiconque lui parlera d'amour.

TOUTES.

C'est décidé...

NÉRÉA.

Qu'on fasse rentrer les papas de ces intéressants enfants.

SCÈNE VIII.

Les Mêmes, Le Schah, Bou-Schaïba.

LE SCHAH.
Nous voici à vos ordres, bonnes fées.

BOU-SCHAÏBA.
Eh bien?... qu'est-ce qu'on leur a donné à ces chers petits êtres? de quelles faveurs les a-t-on comblés?

NÉRÉA.
On ne leur a rien donné... on leur a retranché.

BOU-SCHAÏBA.
Qu'est-ce qu'on a retranché à mon fils?

NÉRÉA, au Schah.
Considérant que l'esprit ici-bas n'est qu'un moyen de se faire des ennemis, et l'amour un élément de tristesse et de chagrins, le conseil des fées décrète : (Elle étend la baguette vers l'une.) Cette jeune princesse dont l'amour va déserter le cœur, s'appellera la princesse Badroulboudour. Ce qui veut dire dans la langue des fées : Beauté sans amour.

LE SCHAH, à Bou-Schaïba.
Et comment diable la marierai-je? Ah! mon Dieu! mon Dieu!... qu'est-ce que tu m'as fait faire là, misérable! je te redestitue!

NÉRÉA.
Silence!... (Elle étend sa baguette au-dessus du deuxième berceau.) L'autre, dont l'esprit va disparaître à tes yeux, s'appellera la princesse Grudindoie. Ce qui dans notre langue veut dire beauté sans esprit.

LE SCHAH.
Mais, je refuse...

NÉRÉA.
Cela ne dépend plus de toi.

BOU-SCHAÏBA, à part.
Heureusement qu'elles ne se sont pas occupées de mon fils... Il l'échappe belle.

NÉRÉA, à Bou-Schaïba.
Quant à ton fils.

BOU-SCHAÏBA.
Haigne!

NÉRÉA.
Il est ta vivante image et il n'y avait aucun danger à lui laisser toutes ses facultés.

BOU-SCHAÏBA, à part.
Pourquoi, dit-elle ça?...

NÉRÉA.
Nous l'avons au contraire comblé de tous les dons qu'il pourra souhaiter... finesse... grâce... bonté...

BOU-SCHAÏBA, joyeux.
Oh! grande fée, merci... c'est trop!

NÉRÉA.
Seulement, il ne connaîtra pas la manière de s'en servir.

BOU-SCHAÏBA.
Ce qui signifie?

NÉRÉA.
Qu'il sera pétri d'esprit, mais qu'il ne saura dire que des bêtises.

BOU-SCHAÏBA.
Ah!...

NÉRÉA.
Qu'il sera rempli de grâce mais qu'il se montrera toujours gauche et grossier.

BOU-SCHAÏBA.
Ah!

NÉRÉA.
Enfin, qu'il sera plein de bonté, de douceur, mais qu'on le trouvera toujours brutal et méchant.

BOU-SCHAÏBA.
Ah!

LE SCHAH.
Les voilà bien tous les trois... (Néréa étend de nouveau sa baguette, les fées se groupent.)

NÉRÉA.
Et nous, mes sœurs, retournons dans notre royaume.

REPRISE DU CHŒUR.
Notre baguette fend les airs, etc.

ACTE PREMIER
DEUXIÈME TABLEAU
La boutique d'Aladin.

SCÈNE PREMIÈRE.

ALADIN, BABA.

(Aladin est étendu sur des coussins, il dort.)

BABA, il entre portant deux paniers et une cruche pleine d'eau.
Voici notre déjeuner... des fruits et des gâteaux délicieux, hum!... quel parfum!

Air du *Pied qui r'mue*.

V'là not' déjeuner
Que je porte à la cuisine,
V'là not' déjeuner
Que j' viens d'ach'ter sans payer.
Mais, m' direz-vous, qui t'a pu donner, (bis)
Sans l' faire payer, ce déjeuner?... (bis)
C'est tout simplement,
La p'tit' voisine
Qui me trouv' bonn' mine;
C'est tout simplement,
La p'tit' voisine
Qui me trouv' charmant!
Mais, m' direz-vous, quand ils le sauront, (bis)
P't' êtr' que ses maîtres la renverront. (bis)

(Parlé.) Bah!

J'aurai certain'ment
Une aut' voisine
Qui m' trouv'ra bonn' mine!
J'aurai certain'ment
Une aut' voisine
Qui m' trouv'ra charmant!
Voilà not' déjeuner! etc.

Oh! que la vie est une belle chose!... Du soleil, des gâteaux! Aladin! Eh bien, où en est-il, ce mélancolique... Aladin? Ah! toujours couché!... Paresseux, va! Eh!... Aladin!... Aladin!...

ALADIN, il s'éveille, se tire les bras tout en bâillant.
Ah! c'est toi!

BABA.
Oui, c'est moi, Baba, ton frère de lait, jadis recueilli par ton père, qui me plaça près de toi, en te disant : mon fils, Baba est pauvre, Baba est orphelin, mais souviens-toi que Mahomet a dit : on a souvent besoin d'un plus petit que soi... C'est Mahomet qui a dit ça.

ALADIN.
C'est possible! quelle heure est-il?

BABA.
Dix heures!...

ALADIN.
Pas davantage? (Il se recouche.)

BABA, d'une voix lugubre.
Il est dix heures, frère, il faut nous nourrir! (Il vit, le regardant.) Eh bien!... toujours cette mine triste?...

ALADIN, se relevant.
Hélas! mon cher Baba, la vie est une amère déception! et je meurs de tristesse.

BABA.
Et de quoi peux-tu te plaindre?... tu es jeune, bien portant, presque aussi beau que moi, et ça ne te suffit pas!

ALADIN.
Tu crois que cela constitue le bonheur?... Tu crois qu'une âme délicate, élevée, n'aspire pas à d'autres jouissances?...

BABA.
Si fait! nous avons encore les douces jouissances... de l'estomac. C'est si bon, un bon repas... d'heure en heure!...

ALADIN.
La vie matérielle c'est tout ce que tu comprends.

BABA.
Tu as de plus, de bons bras, et une boutique de tailleur bien achalandée que t'a laissée ton père.

ALADIN.
Je ne veux plus travailler, le travail m'ennuie...

BABA.
Ah! ah! voilà le grand mot lâché, le travail! Tu vas dire du mal du travail, malheureux!... Mais le travail, noble champ de bataille de ceux qui n'ont rien, c'est ce qu' il y a de plus beau, de plus grand, de plus saint!... le travail!... mais moi non plus, je ne l'aime pas, le travail... seulement, je n'en dis pas de mal, je me contente de ne pas le fréquenter...

ALADIN.
Le métier de tailleur me déplaît, te dis-je... être couvert de misérables vêtements et habiller de velours et de soie un tas de sots plus mal bâtis les uns que les autres...

BABA.
Que veux-tu ?... Tout le monde ne peut pas être fait comme nous. L'important est de gagner sa vie.

ALADIN.
L'important est de ne pas faire ce qui déplaît.

BABA.
Et dis moi donc ce qui te plaît!... s'il te plaît?

ALADIN.
Eh bien, je voudrais être prince... être schah.

BABA.
Rien que schah... (Se reprenant.) Non, rien que ça?

ALADIN.
Ce que je rêve, c'est la puissance et l'amour!
Air : *Quand tu dors calme et pur.* (GOUNOD.)

I
Je voudrais de l'Asie,
Monarque tout-puissant,
Dicter ma fantaisie
Au monde obéissant;
Je voudrais, ô mon frère,
Du midi jusqu'au nord,
Régner sur la terre,
Régner d'abord!

BABA.
Des bêtises!... tout ça n'est pas le bonheur... comme l'a dit notre divin prophète :

Ni l'or ni la grandeur ne nous rendent heureux!
Ces deux divinités n'accordent à nos vœux, etc.

ALADIN.
II
Je voudrais l'âme pleine,
Le cœur épanoui,
Être aimé d'une reine
Ou bien d'une houri!
Je voudrais, ô mon frère,
Épuisant les amours,
Aimer sur terre,
Aimer toujours!

BABA.
Et comme tu n'as guère de chance de devenir un grand prince... ni d'être aimé d'une grande princesse.

ALADIN.
J'ai pris une résolution suprême. Viens avec moi, Baba!...

BABA.
Où ça?

ALADIN.
A la rivière...

BABA.
Tu vas pêcher?...

ALADIN.
Non!... je vais me jeter dans l'eau la tête la première.

BABA.
Ah! bon! ça se nomme piquer une tête! tu vas te baigner?

ALADIN.
Mieux que cela, je vais me jeter au fond de la rivière pour ne plus remonter...

BABA.
Bah!... mais en bon turc cela s'appelle se noyer!

ALADIN.
Oui... viens-tu avec moi?

BABA.
Non, merci; je viens de déjeuner! je craindrais une indigestion.

ALADIN.
Tu tiens donc bien à la vie?

BABA.
A la mienne... particulièrement, d'ailleurs le prophète défend d'attenter à ses jours.

ALADIN.
Oui, c'est vrai.

BABA.
Et il le permettrait que je ne le ferais pas.

ALADIN.
Mais moi, qui suis las de vivre, je le dis... adieu!...

BABA.
Aladin!... voyons Aladin! mon frère! c'est des bêtises! Aladin! songes-y, quand on est mort, c'est pour longtemps!... Aladin!... (Il s'attache en suppliant à ses vêtements.) Quel est ce bruit!... (Il court à la porte.) Oh! oh!

ALADIN.
Qu'est-ce?

BABA.
Voilà qui pourrait bien changer tes résolutions et nous ramener la fortune.

SCÈNE II.
LES MÊMES, BOU-SCHAÏBA, SCHAÏBA-BOU, précédés d'un CADI ET D'UN MUPHTI, suivis DE SEIGNEURS ET DE VALETS.

CHŒUR, en dehors.
Air : *Ah! c' cadet-là.*
Ce Bou-Schaïba,
Quel fils il a!
Ce Schaïba-Bou, quel père!
Schaïba-Bou, Bou-Schaïba,
Les deux font bien la paire!
La paire!

TOUS.
Vivent le grand vizir et son fils!... Vive, Bou-Schaïba! Vive Schaïba-Bou!... (Ils restent inclinés.)

BOU-SCHAÏBA.
Allons, allons, c'est bien! criez, mais pas trop fort! relevez-vous, cadi ; relevez-vous, muphti!... un peu de platitude me plaît, mais je n'en veux pas trop... (A Aladin et à Baba.) Bonjour! bonjour! bonjour! (Il s'assied, à Schaïba-Bou.) Sieds-toi.

SCHAÏBA-BOU, au muphti.
Sieds-toi.

LE MUPHTI, au cadi, durement.
Assieds-toi, cadi...

LE CADI, plus durement encore aux seigneurs.
Restez debout, vous autres!

LES SEIGNEURS, aux valets très-durement.
A genoux, drôles!

BOU-SCHAÏBA.
L'un de vous deux est Aladin le tailleur?

ALADIN.
Oui, seigneur!

BOU-SCHAÏBA.
Lequel?

BABA.
Ce n'est pas moi, seigneur!

SCHAÏBA-BOU.
Papa, ça doit être l'autre.

BOU-SCHAÏBA, à sa suite.
Que d'esprit il a, mon fils!

TOUS.
Que d'esprit!...

SCHAÏBA-BOU.
C'est bien, merci!...

BOU-SCHAÏBA.
Aladin! que tes oreilles soient ouvertes pour m'entendre!... et que ta bouche me réponde!...

ALADIN.
Je suis à vos ordres, seigneur!...

BOU-SCHAÏBA, montrant Schaïba-Bou.
Ce jeune homme, qui resplendit devant toi, est Schaïba-Bou, mon rejeton ; qu'il est beau n'est-ce pas!...

TOUS.
Qu'il est beau!...

SCHAÏBA-BOU.
Merci, c'est bien!...

BOU-SCHAÏBA.
Mon fils épouse, dans quinze jours une incomparable princesse.

SCHAÏBA-BOU.
Oui, je vais me conjoindre à la fille de notre illustre souverain, le grand schah d'Angora... Cette opulente princesse m'apporte en dot une beauté de premier ordre, et comme charmes personnels, le gouvernement de trois provinces.

BABA.
Voilà une princesse qui sera heureuse.

BOU-SCHAÏBA.
Or, il faut à mon fils un trousseau magnifique : cent vêtements divers.

BABA.
Ou d'été!

BOU-SCHAÏBA.
Vous dites?

BABA.
J'ai dit : cent vêtements d'hiver ou d'été.

SCHAÏBA-BOU.
Du tout!... je veux cent vêtements divers d'été.

BABA.

Ah!...

ALADIN.

Achevez...

BOU-SCHAÏBA.

Les mieux achevés possible ! j'ai déjà fait pour la noce des commandes à tous les tailleurs du pays. Combien peux-tu me faire d'habits dans quinze jours?...

ALADIN.

Mais, illustre vizir...

BABA.

Je vais vous faire ce calcul-là, moi... En travaillant bien... et sans perdre une minute... voyons, les journées sont de douze heures... Pour faire un pantalon, il en faut...

ALADIN.

Il en faut... six!...

BABA.

Un caftan cousu avec soin, et couvert de broderies...

ALADIN.

Il en faut dix-huit.

BABA.

Dix-huit et six vingt-quatre, je pose quatre et je retiens deux... Vous fournirez les étoffes?...

BOU-SCHAÏBA.

Sans doute, c'est à façon...

BABA.

Vingt-quatre multiplié par dix... deux cent quarante, douze cent quatre-vingt-trois mille deux cent quarante... Il faudrait pour livrer cinquante vêtements complets...

ALADIN.

Il faudrait quinze jours...

SCHAÏBA-BOU.

Ainsi, en quinze jours, vous pourrez fournir cinquante vêtements complets?...

ALADIN.

Oui, nous le pourrions, seigneur; seulement, nous n'en ferons pas un seul.

BABA.

Que dit-il ?

BOU SCHAÏBA.

Comment ?... tu oserais refuser l'honneur de m'habiller !

ALADIN.

Je refuse.

BOU-SCHAÏBA.

Imprudent !... Et pourquoi?...

ALADIN.

Je ne veux plus travailler.

BOU-SCHAÏBA.

Quelle audace !... prends garde !... il y va de ta tête !

BABA.

Aïe !

ALADIN.

Je ne veux plus travailler.

BOU-SCHAÏBA.

Et moi, je te fais arrêter et empaler.

ALADIN.

Faites et j'en serai fort aise !...

BOU-SCHAÏBA.

Qu'on l'arrête !

BABA.

Puissant vizir, ayez pitié de cet infortuné. Apprenez qu'il ne jouit pas de son intelligence ordinaire !...

SCHAÏBA-BOU.

Que veux-tu dire ?

BABA.

Air :

C'est une histoire affreuse, une disgrâce
Dont le récit va vous combler d'horreur ;
Une araignée, elle avait la vue basse,
S'est introduite en son nez par erreur,
Suivant de là, cette route qui mène
Par la narine à l'étage du front,
Dans son cerveau, l'animal se promène,
Il cherche à faire sa toil' dans l' plafond.
Il possède une araignée dans l' plafond

SCHAÏBA-BOU.

Qu'on l'empale, ça l'en fera sortir !...

SCÈNE III.

Les Mêmes, LE SCHAH et sa Cour.

LE SCHAH.

Qui parle de faire empaler, ici ?

TOUS.

Le schah !... vive le schah !...

LE SCHAH.

Oui, mes enfants, vive moi le plus longtemps possible !... Mais qui donc se proposait tout à l'heure de faire empaler quelqu'un sans mon ordre ? qui donc oserait se faire un plumet de mes plus belles prérogatives ? Qui donc aurait l'audace de toucher à la tête d'un de mes sujets ?...

BOU-SCHAÏBA.

Puissante lumière !...

LE SCHAH.

Suis-je schah, ou pas schah ?...

BOU-SCHAÏBA, tremblant.

Vous êtes le schah !

BABA.

C'est le schah !

LE SCHAH.

Apprenez que moi seul ai le droit de haute et basse justice.

BABA.

Certainement... comme il a une haute et une basse-cour...

LE SCHAH.

Et s'il plaît au grand vizir de faire arrêter, torturer, brûler, empaler mes sujets : que me restera-t-il, à moi ?...

BABA, à Aladin.

Bravo !... Il défend bien sa queue, le schah !...

LE SCHAH.

Je vivrais donc dans la plus lâche oisiveté ?... Je ne serais plus qu'un schah fainéant... Halte-là !... Messeigneurs, halte-là !... Et maintenant, de quoi s'agit-il ?...

BOU-SCHAÏBA.

Sublime lueur ! voici le fait : Ce drôle refuse...

LE SCHAH.

Laissez-le parler...

ALADIN.

Votre vizir a raison... J'ai refusé de travailler pour lui... et il veut me faire empaler.

BOU-SCHAÏBA.

Vous voyez, grand schah !

LE SCHAH.

Je vois que vous avez tort, et que ce jeune homme a raison !... je suis un monarque libéral, moi, et j'entends que mes sujets jouissent de toutes les libertés... vous voulez les forcer de travailler ?... Eh bien, moi, je décrète le droit à la paresse !...

Air : *Je loge au quatrième étage.*

Je veux que mon peuple soit libre,
C'est le plus grand de mes soucis,
C'est aussi la loi d'équilibre
Du divan je suis assis ; (bis)
Je veux, que ce qui peut leur plaire,
Mes sujets le fassent soudain,
Qu'ils soient libres de ne rien faire (bis)
Et libres de mourir de faim.

TOUS.

Vive le schah !...

BABA, à part.

Nous l'échappons belle ! comme il y allait, le vizir ! empalé !... j'ai cru sentir déjà le froid du fer dans ma poitrine ! (Haut.) Vive le schah !...

LE SCHAH.

Voilà comme je rends la justice !... (A Schaïba-Bou.) Que ceci vous serve de leçon, jeune homme !... Et quand vous serez mon gendre, apprenez à faire le bonheur de vos sujets... A propos, cadi ?

LE CADI, s'inclinant.

Votre Hautesse ?...

LE SCHAH, lui mettant le pied sur la tête.

Vous allez faire crier par toute la ville que mes deux filles, les Badroulboudour et Grudindoie vont se rendre aux bains. Mon gendre, vous voyez que je ne recule devant aucune dépense. Ordre à tous les habitants de rentrer chez eux. Ceux qui verraient les princesses dans cette position hydrothérapique seraient punis de mort.

ALADIN.

Qu'entends-je ?... Oh ! quelle idée ! (Bas.) Baba ! j'obéirai au prophète, je ne me tuerai pas !...

BABA.

A la bonne heure !...

ALADIN.

Je cours au bain des femmes, je regarde les deux princesses et ce sont leurs serviteurs qui me débarrasseront de la vie !...

BABA.

En voilà bien d'une autre !...

LE SCHAH.
Et maintenant, allons dans d'autres lieux... faire encore un peu de bien.

TOUS.
Vive le schah !...

CHŒUR.
Air : *Alli Allah!* (BARBIER.)
Alli! Allah!
Gloire
A notre grand Schah!
Il marquera dans l'histoire!
Alli! Allah!
Gloire
A notre grand Schah!
Ds l'histoire il marquera!
Allah! (*bis*)
Gloire à
Ce Schah!
(Tout le monde sort.)

TROISIÈME TABLEAU.
Le bain des femmes.

SCÈNE PREMIÈRE.
BADROULBOUDOUR, GRUDINDOIE, FEMMES, EUNUQUES, DAMES DE LA COUR DU SCHAH.

PREMIER EUNUQUE.
Les princesses, filles de notre sublime schah, vont venir s'ablutionner en ces lieux. Tout est-il prêt pour recevoir leurs augustes personnes?

PREMIÈRE FEMME.
Tout est prêt.

PREMIER EUNUQUE.
C'est bien; rendons-nous au-devant d'elles.

DEUXIÈME FEMME.
C'est inutile, les voici avec toutes les dames de leur auguste famille.

PREMIER EUNUQUE.
Que des chants joyeux célèbrent leur arrivée. (Les deux princesses arrivent suivies d'autres princesses.)

CHŒUR.
Air la *Favorite.*
Salut à nos deux princesses,
Salut à nos deux maîtresses,
Leurs beautés enchanteresses
Vont éclairer ce séjour.

GRUDINDOIE.
C'est Allah, qui nous envoie
En messagères de joie,
Salut donc à Grudindoie.

BADROULBOUDOUR.
Salut à Badroulboudour.

REPRISE.
Salut à nos deux princesses, etc.

PREMIÈRE FEMME.
Leurs Altesses veulent-elles nous permettre de les accommoder?

BADROULBOUDOUR.
Oui, mais faites vite.

GRUDINDOIE.
Oh! oui, bien vite; moi, d'abord, quand il y a trop longtemps qu'on m'accommode, ça m'incommode.

PREMIER EUNUQUE.
Leurs Altesses désirent-elles que leur bain soit parfumé à la rose ou à la bergamotte?

BADROULBOUDOUR.
Ça m'est égal, que ma sœur décide.

PREMIER EUNUQUE.
Qu'ordonne la princesse Grudindoie?

GRUDINDOIE.
J'adore la rose, mais comme cela me fait mal à la tête, je ne peux pas la souffrir.

PREMIER EUNUQUE.
Et la bergamotte?...

GRUDINDOIE.
Je déteste la bergamotte, mais comme ça ne me fait pas de mal, je l'adore.

PREMIER EUNUQUE.
Alors, c'est...

BADROULBOUDOUR.
Fais comme il te plaira... (L'eunuque sort.)

PREMIÈRE FEMME, à Badroulboudour.
Votre Altesse a des cheveux admirables.

BADROULBOUDOUR.
Ils me gênent, je les ferai couper.

PREMIÈRE FEMME.
Les faire couper?...

BADROULBOUDOUR.
Oui, certes... rien n'est plus inutile, plus gênant, à la chasse, que ces longs cheveux qui se déroulent au vent et s'accrochent aux branches quand on traverse la forêt au galop. Décidément, quand je sortirai du bain, je veux qu'on me les coupe.

LES FEMMES, qui l'entourent.
Ah!

DEUXIÈME FEMME, à Grudindoie.
Votre Altesse a-t-elle passé une bonne nuit?

GRUDINDOIE, lentement.
Une bonne nuit? Je ne sais pas... j'ai si bien dormi tout le temps...

BADROULBOUDOUR.
Mais, quand on dort bien du soir au matin, il me semble, ma chère Grudindoie, que l'on a passé une très-bonne nuit.

GRUDINDOIE.
Oh! non; hier une de mes suivantes n'a fait qu'un somme, et elle avait passé une si mauvaise nuit que, quand elle s'est réveillée, elle s'est trouvée évanouie...

BADROULBOUDOUR.
Elle s'est trouvée évanouie?... Et s'est-elle prodigué des secours?...

GRUDINDOIE.
Mais oui, puisqu'elle était éveillée... Elle a eu bien du mal à se faire revenir à elle...

BADROULBOUDOUR, riant.
Ma pauvre Grudindoie!

GRUDINDOIE.
Ma sœur, pourquoi donc rit-on toujours quand je dis quelque chose?

BADROULBOUDOUR.
Parce que vous avez beaucoup d'esprit.

GRUDINDOIE.
Ah!

DEUXIÈME FEMME, présentant un bouquet.
Pour la princesse Badroulboudour...

BADROULBOUDOUR.
Ah!... les merveilleuses fleurs! quelles couleurs admirables!...

DEUXIÈME FEMME.
C'est un présent du fiancé de Votre Altesse.

BADROULBOUDOUR, froidement.
De Schaïba-Bou?...

GRUDINDOIE.
L'aimez-vous, votre fiancé?

BADROULBOUDOUR.
Si je l'aime?...

GRUDINDOIE.
Oui, avez-vous de l'amour pour lui?...

BADROULBOUDOUR.
Je vous ai déjà dit, ma sœur, que je ne comprends pas ce que signifie l'amour.

GRUDINDOIE.
C'est drôle, moi, au contraire, il y a beaucoup de choses dont le sens m'échappe ; mais il me semble que l'amour... je comprendrais bien ça.

BADROULBOUDOUR.
Eh bien, vous êtes plus savante que moi...

Air : *Ronde du Printemps.*

Vous me parlez toujours d'aimer,
Comme d'un mot tout plein de grâce,
Et toujours ce mot m'embarrasse,
Que peut-il donc bien renfermer?

On aime tout objet qui flatte
Les sens que Dieu nous a donnés,
Quant aux hommes, mon âme ingrate
Ne les a jamais devinés;
Lorsque de divines couleurs,
La nature s'est revêtue,
Son éclat éblouit ma vue...
J'aime les prés, j'aime les fleurs.
Quand un doux murmure s'éveille
Au fond des bois silencieux,
Le concert charme mon oreille,

J'aime le vent mélodieux.
Si l'on m'apporte des atours
Tissés de velours et de soie,
Ma main les caresse avec joie ;
J'aime la soie et le velours.

La cassolette parfumée
S'allume-t-elle autour de nous?
J'aime la senteur embaumée
Qui donne des songes si doux.
Oui, j'aime tout cela, ma sœur...
Mais je ne vois vraiment pas comme
On pourrait bien aimer un homme,
Qui n'est parfum, ni fruit, ni fleur.

GRUDINDOIE.
Cependant vous aimez le schah, notre père?
BADROULBOUDOUR.
Oui, parce qu'il est mon père... Mais qu'un étranger se présente devant moi, qu'il m'irrite par d'audacieuses protestations, qu'il se jette à mes genoux, qu'il me dise qu'il m'aime, et qu'on me demande ensuite si je l'aime aussi, comme on me demanderait d'un fruit que je viens de goûter... Voilà ce que je ne puis comprendre.

GRUDINDOIE.
Alors vous n'aimez pas les jeunes gens parce que vous n'en avez pas goûté?

BADROULBOUDOUR, riant.
Oui, Grudindoie, oui, parce que je n'en ai pas goûté...

GRUDINDOIE.
Vous riez!... Est-ce que j'ai encore dit quelque chose de spirituel?

BADROULBOUDOUR.
Précisément.

GRUDINDOIE.
Mais, j'y pense, vous allez cependant épouser Schaïba-Bou?

BADROULBOUDOUR.
Celui-là, du moins, ne m'a jamais dit qu'il m'aimait...

GRUDINDOIE.
Ah !

PREMIER EUNUQUE.
Le bain de Leurs Altesses est préparé.

BADROULBOUDOUR.
Venez, mesdames.

REPRISE DU CHŒUR.

(Tout le monde sort.)

SCÈNE II.
BABA, ALADIN.

BABA, entrant.
Personne ! Aladin, mon frère, je t'ai suivi jusqu'ici pour essayer encore de te détourner de ton fatal projet; je t'en conjure, ne risque pas tes jours et les miens ! Les miens qui me sont si chers ! Allons-nous-en.

ALADIN.
Je reste, et nous ne tarderons pas à voir paraître les princesses.

BABA.
Et dès que nous aurons assisté à ce joli spectacle, on nous fera payer nos places... un peu cher... et quelles places !... Le pal!... Voilà un siège incommode !

ALADIN.
Tais-toi... Je crois qu'elles viennent.

BABA.
Je ne suis pas pressé de les voir; j'ai d'autres idées en tête. Oh! le pal! Aladin, as-tu songé quelquefois aux émotions d'un canard que l'on mettait à la broche ?...

ALADIN.
Que m'importe!

BABA.
Cela me préoccupe beaucoup, moi.

ALADIN.
Silence !

BABA.
Aladin, il est peut-être encore temps de nous en aller.

ALADIN.
Je ne le veux pas.

BABA.
Songe que la vie est un bien précieux sans lequel tous les autres perdent au moins 90 0/0 de leur valeur.

ALADIN.
Elles viennent...

BABA.
Miséricorde!... Ah ! si je n'avais pas promis à ton père de te suivre jusqu'au trépas !...

ALADIN.
Les voilà!

BABA.
Je ne veux pas les voir. (Il se couvre les yeux de ses deux mains. — Toutes les femmes, y compris Badroulboudour et Grudindoie, paraissent au fond, derrière une gaze, les unes descendent dans le bain, les autres s'étendent dans des hamacs. Badroulboudour et Grudindoie, assises dans le hamac placé au milieu du théâtre, se balancent en effleurant l'eau de leurs pieds.)

GRUDINDOIE.

Air : la Berceuse.

Dans ce flot bleu
Dont la fraîcheur nous invite,
Fuyons, mes sœurs,
Les feux brûlants du soleil
Et nous irons chercher ensuite,
Un doux repos dans les bras du sommeil
Sous nos pieds nus le marbre blanc,
Paraît moins éclatant.
Ah ! ah ! ah !

ALADIN.
Par Mahomet! les merveilleuses beautés!... Vois donc, Baba?

BABA.
Non, merci, je n'y tiens pas.

ALADIN.
Mais c'est le paradis, ce sont les célestes houris promises par le prophète.

BABA.
Vraiment?... Si je risquais un œil!... Bah! je le risque. (Il ôte une de ses mains.) Oh!... oh!... que c'est beau!... Oh! que c'est beau!... Tant pis! que l'on m'arrête.. J'en risque deux, que l'on m'empale, j'en risque... oh! les belles jeunes filles!...

ALADIN.
Vois la brune!... quel air de fierté, de noblesse!...

BABA, ne se contenant plus.
Et la blonde, donc, et la blonde!... Ah! qu'elle est belle! qu'elle est belle! qu'elle est belle!

ALADIN.
Tais-toi! Tais-toi!

BABA.
Non, je veux m'enivrer de ses regards, et puisque nous devons périr, je veux m'en enivrer à mon aise, j'en veux pour mon pal.

ALADIN.
Ah! mon ami, c'en est fait, je sens que je l'aime, que je l'adore.

BABA.
Et moi donc!... Je ne me contiens plus!... ô houri!! (Ils s'élancent tous les deux vers le fond.)

TOUTES LES FEMMES.
Des hommes!... (Elles disparaissent de tous les côtés. La scène est envahie par les Eunuques.)

SCÈNE III.
LES EUNUQUES, BABA, ALADIN.

PREMIER EUNUQUE.
Deux hommes ici ! Que faites-vous en ces lieux, misérables? De quel droit y avez-vous pénétré?

ALADIN, avec colère.
De quel droit !...

BABA.
Nous sommes dans notre tort, respectable gardien du sérail, j'avoue que nous avons empiété sur vos prérogatives, nous n'avons pas les mêmes droits que vous...

PREMIER EUNUQUE.
Vous connaissez la loi ?

ALADIN.
Nous la connaissons.

BABA.
Connais pas, moi...

PREMIER EUNUQUE.
Cette loi ordonne...

BABA.
Je ne veux pas la connaître.

PREMIER EUNUQUE.
Préparez-vous à mourir...

TOUS.
A mort... à mort!...

SCÈNE IV.

Les Mêmes, Badroulboudour, Grudindoie et les autres Dames de la cour du Schah.

BADROULBOUDOUR.

Quels sont ces téméraires?

GRUDINDOIE.

Oui, qui sont-ils?

ALADIN.

Princesse, mon crime est impardonnable, je le sais, et je suis prêt à l'expier...

BABA.

Pas moi!... je demande du temps... (A Grudindoie.) Adorable princesse, clair de lune dans son plein, je t'idolâtre; je suis Baba, mes intentions sont pures.

GRUDINDOIE.

Il est drôle, ce petit-là... Tu as des intentions?

BABA.

Oui, je veux t'épouser... viens, je connais un derviche qui nous mariera à bon marché.

GRUDINDOIE.

Nous marier?...

BABA.

Viens, la nature est belle; nous sommes au printemps... Tout nous invite à l'amour. Viens! tu n'en sera pas fâchée.

PREMIER EUNUQUE.

C'est trop d'audace... qu'on les arrête...

BABA.

M'arrêter? arrêtez! Laissez-moi lui dire un mot, un seul, avant d'aller m'asseoir sur le fatal paratonnerre...

Air : *Du miserere.*

L'ardeur qui me transporte
Se dévoile à tes yeux
Ton doux regard m'emporte
Jusques aux cieux
Ouvre-moi ta porte
Pour l'amour de Dieu.

PREMIER EUNUQUE.

Téméraire!... Saisissez-les... qu'on les emmène...

BABA, à ceux qui l'entourent.

Ne poussez pas!... je n'aime pas qu'on me pousse, moi.

CHŒUR.

Air :

Qu'on nous suive sans réplique
En prison, vite en prison!
Puis sur la place publique
Bientôt l'exécution!

(Sortie générale. — Le théâtre change.)

QUATRIÈME TABLEAU
Une prison.

SCÈNE PREMIÈRE.

Premier Eunuque, Baba, Aladin.

PREMIER EUNUQUE.

Allons, entrez, et préparez-vous à mourir... (Les gardes sortent.)

BABA.

Oh! j'ai le temps... C'est égal!... en voilà une injustice, je déclare que mes intentions sont pures... j'offre de tout réparer par un mariage, et on veut m'immoler.

ALADIN.

Chère Badroulboudour, ne plus te revoir!... Oh! non, maintenant je ne veux plus mourir...

BABA.

Entendons-nous, mon cher, tu as voulu voir la princesse pour ne plus vivre, et maintenant tu veux vivre pour revoir la princesse. Tu manques de suite dans tes idées.

ALADIN.

Est-ce ma faute si Badroulboudour a changé toutes mes pensées.

BABA.

Ah! voilà!

Air :

Tu lui disais tantôt, dans une ivresse,
Dont rien n'eût pu modérer les transports;
« Pour vos beaux yeux, noble et belle princesse,
Ah! je suis prêt à souffrir mille morts! »
Plus tu t'es fait la tâche difficile,
Et plus il faut te décider, je crois,
Car, si tu veux arriver jusqu'à mille,
Il faut pourtant commencer une fois.

ALADIN.

Quelle triste destinée que la mienne!

BABA.

Tu peux bien dire la nôtre. Le pal n'a rien de plus gai pour moi; je dis plus, je sens que jamais je ne pourrai le regarder en face. Je demanderai qu'on me bande les yeux.

ALADIN.

Ecoute, Baba, je veux la revoir encore une fois... je veux sortir d'ici...

BABA.

Je le veux bien aussi, partons... (Chantant.) Ouvre-moi la porte, pour... (Il se remet à pousser la porte qui cède, tourne sur elle-même et Bou-Schaïba paraît.)

SCÈNE II.

Les Mêmes, Bou-Schaïba.

ALADIN.

Que vois-je!... (La porte tourne de nouveau et Baba rentre dans la prison.)

BABA.

Encore la prison! j'aurai poussé trop fort. Tiens! un monsieur...

BOU-SCHAÏBA.

Ne me reconnaissez-vous pas?

ALADIN.

Vous êtes le grand vizir Bou-Schaïba.

BOU-SCHAÏBA.

Lui-même.

BABA.

Le père de ce jeune imbécile!

BOU-SCHAÏBA.

Tu oses dire de mon fils!...

BABA.

Pardon, non, c'est lui qui est le fils de ce vieux scélérat de...

BOU-SCHAÏBA.

Misérable, ne redoutes-tu pas ma colère?... Prends garde, Baba...

BABA.

Et à quoi donc que je prendrais garde? Et pourquoi donc s'il vous plaît que je la redouterais, votre colère! Mais je suis condamné à mort, mon cher monsieur, qu'est-ce que vous pourriez m'ajouter en plus?... Trois mois de prison? mais je les accepte, j'en demande six, j'en demande vingt, j'en demande cent, et je ferai tout pour les avoir... (Avec énergie.) Il est bête comme un pot à beurre, monsieur votre fils!... Allez, ferme, dix ans de prison... je suis prêt à les faire.

BOU-SCHAÏBA.

Assez, tais-toi...

BABA.

Moi, que je... (Bou-Schaïba étend le bras, Baba devient muet et fait de vains efforts pour parler.)

ALADIN.

Baba... que signifie!

BOU-SCHAÏBA.

Ma puissance est infinie, tu le vois... Écoute-moi maintenant, il faut que je te parle.

ALADIN.

Pas avant que vous n'ayez rendu la parole à Baba...

BOU-SCHAÏBA.

Soit... qu'il parle donc, mais qu'il observe le silence... (Il étend le bras, Baba éternue.)

BABA.

Ahtzi!... ah! que c'est bête, vous m'avez ôté la parole, juste au moment où j'allais éternuer, et je ne pouvais pas, je n'avais plus qu'un nez muet... (Éternuant encore.) A la bonne heure, à présent, j'ai un nez ouvert.

BOU-SCHAÏBA.

Ecoutez-moi l'un et l'autre : je suis à la recherche d'un homme destiné à mourir dans la journée.

BABA.

Si c'est pour le sauver, je me dévoue... prenez-moi.

BOU-SCHAÏBA.

En échange d'un service qu'il peut me rendre, je réaliserai le dernier vœu de cet homme, je lui accorderai ce qu'il me demandera, tout... tout, excepté la vie.

BABA.

C'est cependant la chose dont nous aurions le plus urgent besoin.

BOU-SCHAÏBA.

Acceptes-tu le marché?...

ALADIN, après avoir réfléchi.

Je l'accepte. Dites ce que vous attendez de moi, je vous dirai ensuite ce que j'attends de vous.

BABA.

Moi, je demande un bon dîner, nous n'avons rien pris depuis ce matin. Et encore on dit que ça creuse, le pal... ça va être gentil ce soir.

BOU-SCHAÏBA.

Que demandes-tu pour ton dîner?

BABA.

Attendez... je demande à réfléchir.

BOU-SCHAÏBA.

Choisis ce que tu aimes le mieux.

BABA.

Ce que j'aime le mieux. (Avec sentiment.) C'est toi, oh! ma Grudindoie... Eh bien, voilà ce que je demande : un abatis de grue, une cuisse de dinde et une aile d'oie... tout y est...

BOU-SCHAÏBA.

Sois satisfait!... (Il fait un geste, le pilier se change en une table couverte des mets indiqués et chargée de lumière et de bouteilles.)

ALADIN.

O prodige!

BABA.

Mais vous êtes un homme très-influent, vous ; je ne vous quitte plus. (Il prend un tabouret.)

BOU-SCHAÏBA.

Et maintenant, si tu veux encore autre chose, ne m'interrompts plus et adresse-toi à ces messieurs directement... (Baba regarde, le lit s'est changé en une cuisine auprès de laquelle se présent des marmitons.)

BABA.

Admirable! admirable! je ne sors plus d'ici... A table! à table!

BOU-SCHAÏBA, à Aladin.

A nous deux, revenons à la proposition que j'ai à vous faire.

ALADIN.

Parlez, seigneur.

BABA, la bouche pleine.

Oui vous pouvez parler, allez! allez... je ne vous écoute pas...

BOU-SCHAÏBA.

Nous serions mal assis sur ce banc! (Le banc se transforme en divan.) A quelque distance d'Angora, au fond d'une caverne connue de moi seul, sur une colonne en rubis, se trouve une lampe merveilleuse ; il me faut cette lampe.

ALADIN.

Où est située votre caverne?

BOU-SCHAÏBA.

Au milieu de la forêt du Sud. La caverne est précédée de trois grottes, défendues par des monstres terribles.

BABA.

Vivants? ou empaillés?

BOU-SCHAÏBA.

La première grotte est d'argent, la seconde est d'or, la troisième est d'émeraude. Arrivé à l'entrée de la caverne, tu marcheras droit à la colonne de rubis, tu saisiras la lampe de la main gauche, en prononçant ces mots : Allah, Kérim, et tu reviendras par le même chemin.

ALADIN.

Je le ferai. Quelles armes me donnerez-vous pour combattre les monstres?

BOU-SCHAÏBA.

Voici un anneau qui est le fruit de calculs magiques, il ne peut être fabriqué que tous les cent ans, et la durée de son pouvoir n'est que d'un jour.

BABA.

Ainsi vous l'avez fabriqué aujourd'hui et sa puissance expire ce soir?

BOU-SCHAÏBA.

Oui. De plus, il ne peut avoir de vertu qu'au doigt d'un homme condamné à mort.

ALADIN.

Et cet anneau?...

BOU-SCHAÏBA.

Te délivrera de tous tes ennemis.

ALADIN.

A quoi le reconnaîtrai-je.

BOU-SCHAÏBA.

En le montrant, il forcera l'homme qui se trouvera en face de toi à dévoiler ses véritables sentiments à ton égard.

ALADIN.

J'accepte, donnez-moi l'anneau. j'irai conquérir la lampe.

BOU-SCHAÏBA.

Et tu me la rapporteras?

ALADIN.

Et je la rapporterai, mais en échange, je veux que vous vous engagiez à me faire voir, à mon retour, une fois encore avant de mourir, la princesse Badroulboudour!...

BOU-SCHAÏBA.

Je te le promets...

BABA.

Et moi, je veux qu'après ma mort, on porte à la princesse Grue-dinde-oie, une mèche de mes cheveux.

BOU-SCHAÏBA, il remet l'anneau à Aladin.

Tiens, voici l'anneau.

ALADIN.

Ah! cet anneau peut me faire connaître mes ennemis ; eh bien! voyons d'abord. (Il frotte la bague. — A Bou-Schaïba.) Vizir, ton intention est bien de tenir les promesses que tu nous as faites?

BOU-SCHAÏBA, gracieusement.

Moi! allons donc! mais en aucune façon. Dès que tu m'auras remis la lampe, je ferai exécuter votre sentence, sans le moindre délai.

BABA.

Ah! traître! (Il se lève.) Son dîner me fait horreur... et puis je n'ai plus faim du tout...

ALADIN, frottant l'anneau.

Mais pourquoi nous trompais-tu?

BOU-SCHAÏBA, très-gracieusement.

Parce que ce matin vous m'avez bravé?... Je vous hais et j'ai l'intention à ton retour et quand j'aurai la précieuse lampe, de vous faire subir les tortures les plus abominables.

ALADIN.

Ah! fourbe insigne!... Eh bien, par le pouvoir de cet anneau magique, j'ordonne que tu sois empalé toi-même. (Le tabouret sur lequel est assis Bou-Schaïba se transforme en pal, lui traverse le corps, et sort par le crâne.)

BOU-SCHAÏBA, criant.

Coquins! misérables! pendards! Grâce.

ALADIN.

Baba, prends dans sa poche les clefs de la prison et fuyons.

BABA, il prend les clefs.

Les voici. (A Bou-Schaïba.) Monsieur, j'ai bien l'honneur de vous saluer. (Bou-Schaïba fait des gestes de colère.) Tiens, je suis bon pour toi je te mets un tabouret sous les pieds, pour que tu ne t'enrhumes pas. (Il lui place un petit tabouret.)

ENSEMBLE.

Air : *Ah! que les plaisirs sont doux.*

BOU-SCHAÏBA.
Ah! Dieu! laisser un vizir,
Crier et gémir
Sans le secourir!
Manants,
Mauvais garnements,
Faites à l'instant
Cesser mon tourment!
ALADIN, BABA, le saluant.
Adieu! monsieur le Vizir!
C'est votre désir,
Nous allons partir!
Pourtant,
Recevez avant,
Pour vos talismans,
Nos remerciments!
BOU-SCHAÏBA, se débattant sur son pal.
Coquins!
Fourbes! assassins!
Si jamais, jamais
Je vous retrouvais...
BABA.
Dites-nous
Si ce roi des clous,
Cause, selon vous
Des plaisirs bien doux!...

ENSEMBLE.

BABA, ALADIN.
Adieu! monsieur le vizir, etc.
BOU-SCHAÏBA.
Ah! Dieu! laisser un vizir, etc.

(Baba et Aladin sortent. Bou-Schaïba se secoue sur son pal qui s'abîme avec lui.)

CINQUIÈME TABLEAU

Une campagne; à gauche, l'entrée d'une grotte. A droite, une fontaine.

SCÈNE PREMIÈRE.

LE SCHAH, SCHAÏBA-BOU, BADROULBOUDOUR, GRUDINDOIÉ, Gardes, et Gardes-Chasses, Courtisans.

(La cour précède le Schah.)

CHŒUR DE CHASSE.

Air : *Quand Diane descend dans la plaine.* (Orphée.)

GRUDINDOIE.

Au fond des bois et dans la plaine!
Ton, ton, tontaine, tontaine,
Suivons notre maître et chantons,
Ton, ton, tontaine, tonton!
Quand il s'arrête à la fontaine,
Ton, ton, tontaine, tontaine,
Comme lui nous nous arrêtons,
Ton, ton, tontaine, tonton!

LE CHŒUR.

Comme lui nous nous arrêtons,
Ton, ton, tontaine, tonton.

LE SCHAH.

Allons, allons je suis content, j'ai bien dormi, j'ai bien déjeuné, j'ai fumé une bonne pipe. Je viens ici prendre un exercice salutaire... A propos, Schaïba-Bou?

SCHAÏBA-BOU.

Superbe schah?

LE SCHAH.

C'est demain que vous épousez Badrouboulbour ma fille.

SCHAÏBA-BOU.

Demain entre une heure et deux, oui mon Schah.

LE SCHAH.

Il y a une chose que j'ai oubliée jusqu'ici de vous demander à ce sujet.

SCHAÏBA-BOU.

Quelle chose, grand schah?

LE SCHAH.

Voilà : vous allez être le mari de ma fille, et j'ai oublié de vous demander si vous l'aimiez.

SCHAÏBA-BOU.

Si je l'aime! pouvez-vous le demander.

LE SCHAH.

Puisque je le demande, c'est que je le peux. (Le prenant à l'écart.) Mais comment se fait-il que ma fille qui a déjà refusé cent trente-sept maris et qui s'irrite si violemment contre tous ceux qui lui parlent d'amour ne se soit pas emportée contre vous?

SCHAÏBA-BOU.

Ah! voilà... elle ne s'est pas emportée parce que... parce que... je ne lui ai jamais rien dit.

LE SCHAH.

Ah! c'est très-fort!.... vous êtes le plus malin de tous...

SCHAÏBA-BOU.

Je ne lui parlerai d'amour qu'après le mariage.

LE SCHAH.

Allons, mariez-vous donc, et soyez heureux, mes enfants, être heureux c'est le secret du bonheur !

GRUDINDOIE, riant.

Eh! eh!

LE SCHAH, effrayé.

Tu as compris?

GRUDINDOIE.

Ah! oui, papa! c'est justement ce que je pense, ça, papa!

LE SCHAH.

Elle est de ma force!.. allons... allons... je crois qu'elle se forme. A propos, tout est-il prêt pour la chasse?

SCHAÏBA-BOU.

Oui illustre schah, quel gibier daignera tuer Votre Hautesse ?

LE SCHAH.

Je tuerai, ce matin, deux cents perdrix, quinze cents lapins.

SCHAÏBA-BOU.

Justement, nous n'avions que des faisans dorés... J'ai fait dorer douze cents lièvres et dix-sept cents lapins.

LE SCHAH.

C'est bien... aujourd'hui, pas d'étiquette. Il n'y a plus ni princes ni sujets. Tout le monde prendra part à la chasse. Ma cour et mon peuple armés de bâtons rabattront le gibier, moi et mes filles nous chasserons. Ma fille, cette chasse te plaît-elle?

BADROULBOUDOUR.

Les lapins et les lièvres sont un gibier bien misérable, j'aurais préféré chasser le lion ou le tigre.

LE SCHAH.

Le tigre, le lion!... mais songe donc, ma fille, que tu vas t'unir. Songes à Schaïba-Bou que tu vas épouser.

BADROULBOUDOUR.

Eh bien, mon père?

LE SCHAH.

Eh bien !

Air :

Tu n'as pas les mœurs de ton sexe;
Ça me chagrine en vérité,
Et j'ai peur que ça ne vexe
Sa grande sensibilité.
Je te l'ai dit, et le répète
Songes-y mon enfant chéri
Toujours chasser à grosse bête
Ça peut inquiéter un mari.

BOU-SCHAÏBA.

En effet, princesse, ça me fait frémir, pour.....

BADROULBOUDOUR.

Rassurez-vous.

LE SCHAH.

Aujourd'hui, tu te contenteras de notre gibier. Mon gendre, vous chasserez avec nous... A ce propos, je veux vous donner un conseil. Supposez, mon gendre, que vous avez un animal devant vous.

SCHAÏBA-BOU.

Puissant monarque, c'est une chose que l'on peut penser, mais la politesse, le respect.

LE SCHAH.

Comment... comment... mais tu ne me comprends pas, butor; je ne te parle pas de moi, mais d'un gibier. Il s'agit pas d'un schah, mais d'un lapin.

SCHAÏBA-BOU.

Ah! d'un lapin.

LE SCHAH.

Eh bien, quand tu as un lapin devant toi. Il faut viser d'abord et tirer ensuite, et toi d'habitude tu tires d'abord et tu vises après... c'est une mauvaise méthode et qui ne réussit que difficilement...

GRUDINDOIE.

Ah! papa, vous êtes injuste, à la dernière chasse il a tué un garde.

LE SCHAH.

Oui une fois par hasard, on attrape quelque chose... mais c'est du hasard... c'est un raccroc. Mais je ne vois pas mon vizir... Est-ce qu'il va se donner le genre de me faire attendre...

SCHAÏBA-BOU.

Seigneur, il m'a dit qu'il allait nous rejoindre. Je crois qu'il travaille.

LE SCHAH.

Je ne veux pas qu'il se fatigue... J'aime mon peuple, et plus les vizirs travaillent, plus le peuple est malheureux.

SCHAÏBA-BOU, au schah.

Je crois qu'il est allé à la prison pour hâter l'exécution des deux audacieux qui ont osé pénétrer dans le bain...

LE SCHAH.

Tais-toi. Ne me parle pas de cela. Je frémis à la pensée que deux téméraires ont pu voir mes trésors d'enfants dans un appareil aussi... intime.

GRUDINDOIE.

Ah! bien, moi, papa, ça ne m'a rien fait du tout... D'abord ils étaient très-gentils.

BADROULBOUDOUR.

Pauvres jeunes gens!... Mon père, est-ce que ce crime mérite réellement la mort?

LE SCHAH.

Oui ma fille, quand on le commet pour la première fois, la mort ; la loi est précise.

GRUDINDOIE.

Et quand on le commet pour la seconde fois, papa?

LE SCHAH.

Ah! pour la seconde fois... le code ne s'explique pas... c'est une lacune du législateur... j'y songerai.

SCÈNE II.

Les Mêmes, puis BOU-SCHAÏBA, marchant roide comme un piquet.

SCHAÏBA-BOU.

Ah! voici le vizir... mon père... il a l'air bien préoccupé.

LE SCHAH.

En effet il paraît tout embarrassé dans sa démarche. Qu'avez vous donc, Bou-Schaïba?

SCHAÏBA-BOU.

Qu'avez-vous donc, papa?

BOU-SCHAÏBA.

Ce que j'ai?... je n'ai rien... (A part.) Impossible de l'extraire... il m'a fallu le faire scier... en bas... le fer homicide est resté dans mon sein... il me traverse depuis le cerveau jusqu'à ma base!...

LE SCHAH.

Vizir, ne vous voyant pas auprès de moi, je craignais pour votre tête qui m'est chère.

BOU-SCHAÏBA.

Ma tête n'a couru aucun danger... un accident sans importance... dont ma tête n'est pas le siége. (A part.) Aïe! ah! les gredins!...

LE SCHAH.

Vous semblez marcher difficilement.

BOU-SCHAÏBA, à part.

Très-difficilement...

LE SCHAH.

Cependant, vous nous suivrez à la chasse. (Bou-Schaïba s'incline d'un air peu satisfait.) A cheval, messieurs, à cheval!...

BOU-SCHAÏBA, à part.

A cheval!... je ne pourrai jamais m'asseoir...

LE SCHAH.

Mais je désire que vous m'expliquiez...

BOU-SCHAÏBA.

Pardon, seigneur, Votre Hautesse qui sait tout, ignore totalement que cette grotte est habitée par un terrible dragon.

LE SCHAH, avec effroi.

Un dragon!...

BOU-SCHAÏBA.

Ce monstre a coutume de venir tous les jours à midi se désaltérer à cette fontaine. Il est midi moins dix minutes.

LE SCHAH, vivement.

Allons, mes filles, partons.

BADROULBOUDOUR.

Un dragon, mon père, il faut rester... il faut le combattre, le vaincre.

LE SCHAH.

Le combattre!

SCHAÏBA-BOU.

Y songez-vous, Badroulboudour!

LE SCHAH.

Allons partons, la peur commande, il faut obéir!

REPRISE DU CHŒUR DE CHASSE.
Au fond des bois et dans la plaine, etc.

(Tous sortent.)

SCÈNE III.

ALADIN, BABA.

Ils sont partis... Respirons un instant.

ALADIN.

Non... viens... chaque instant perdu retarde le moment où je pourrai me jeter aux pieds de la belle Badroulboudour.

BABA.

Et à ceux de ma chère Grudindoie.

Est-ce la peur qui te retient?

BABA.

La peur... du tout... c'est le dragon.

ALADIN.

Bah! cet anneau nous en délivrera.

BABA.

Alors, passe devant.

(Au moment où ils vont entrer, un grand bruit se fait entendre, des flammes et de la fumée sortent de la grotte. Le dragon paraît, ils restent épouvantés.)

BABA.

Tiens, il jette du feu par les narines. Ce n'est pas un dragon, c'est un artilleur.

ALADIN.

Il ne nous voit pas... observons-le.

BABA.

Filons plutôt.

ALADIN.

Chut! il se dirige vers la fontaine. Ah! quelle idée. (Il frotte son anneau.)

BABA.

Que fais-tu?

ALADIN.

Je veux que cette eau se change en vin.

BABA.

Tu lui paies à boire, à présent?

ALADIN.

Je veux qu'il se grise. (L'eau de la fontaine devient rouge.)

BABA.

Griser un dragon... ça n'est pas facile.

ALADIN.

Regarde.

BABA.

Oh! oh! mais il va bien! Quel ivrogne!

ALADIN.

Il s'arrête, sa démarche est déjà moins assurée. (Le dragon descend et remonte en titubant.)

BABA.

Il a son jeune homme.

Air : *L'Amiral Cornarini*. (Pont des soupirs.)

Le dragon s'est pochardé,
Première phase : La gaîté!
Il trotte, trotte, trotte.
(Le dragon remonte en sautillant et se remet à boire.)
Le voilà qui redescend,
Deuxième phase, en hésitant;
Il flotte, flotte, flotte.
(Il redescend en trébuchant.)
Animal en vérité,
N'a jamais si bien flotté.

(Le dragon remonte et boit de nouveau pendant la ritournelle, puis il redescend d'un air très-mélancolique.)

Même air.

BABA.

Il se recueille à présent,
Troisième phase, tendrement;
Il pleure, pleure, pleure...
Il va jurer qu'il n'a pas bu...
Mais je dirai que je l'ai vu.

(Le dragon est rentré à terre dans un état complet d'ivresse. — Courageusement.)

Qu'il meure, meure, meure!
(Il s'élance vers le dragon, derrière Aladin. Celui-ci tranche la tête du dragon, Baba essuie son arme.)

L'animal en vérité,
Me paraît bien mal traité.

ALADIN.

Et maintenant Baba, à la lampe!

BABA.

A la lampe! (Ils entrent dans la grotte.)

SIXIÈME TABLEAU

Les mines d'argent : tout au fond, brûle une lampe sur une colonne de porphyre.

SCÈNE PREMIÈRE.

LE GÉNIE DE LA LAMPE, DÉMONS, DIABLES et DIABLOTINS D'ARGENT.

(Au lever du rideau le génie est étendu sur un lit d'argent. Autour de lui dansent et jouent de petits diablotins. Un petit démon entre tout à coup et les danses s'arrêtent.)

LE DIABLOTIN, au génie.

Maître! puissant génie de la lampe, deux téméraires ont osé franchir l'entrée de la grotte verte.

LE GÉNIE.

Tu te trompes, le dragon veille sur nous.

LE DIABLOTIN.

Ils ont tué le dragon.

LE GÉNIE.

Que dis-tu?

LE DIABLOTIN.

Qu'ils ont triomphé de tous les obstacles qui les séparent de nous.

LE GÉNIE.

Qu'entends-je!

LE DIABLOTIN.
Plus de doute, maître, ils viennent conquérir la lampe merveilleuse, et te soumettre à leur domination...

LE GÉNIE.
Puissantes fées, est-ce possible!... Eh bien, puisqu'ils ont résisté à l'effroi, ils céderont peut-être à la tentation... à moi, toutes les séductions de l'argent! à moi toutes les ivresses, toutes les joies de mon royaume! (Sur un signe qu'il fait, apparaissent toutes les allégories de l'argent.)

LE DIABLOTIN.
Ce sont eux, maître, ce sont eux.

SCÈNE II.
LES MÊMES, BABA, ALADIN.

BABA.
Ah! mais par Allah!... C'est de l'argent tout cela?... voilà un local où je me louerais bien un petit entre-sol...

ALADIN.
Marchons, frère, marchons...

BABA.
Pourquoi?... on est très-bien ici... Je trouve préférable à la chambre du dragon de feu... où plutôt à de feu le dragon...

ALADIN.
Qu'importe... marchons, marchons toujours. (Il se trouve devant Mesrour.) Qui es-tu?... que me veux-tu?

BABA.
Bigre... le propriétaire!...

MESROUR.
Je suis Mesrour, le génie de la lampe merveilleuse, et je ne te permettrai pas de t'emparer du précieux talisman confié à ma garde. Arrière!...

ALADIN.
Je ne puis lutter contre ton pouvoir. N'auras-tu pas pitié d'un homme à qui l'amour a fait braver tous les dangers!

MESROUR.
Que me fait l'amour des autres à moi, qui ai vu dédaigner celui que je ressentais, que je ressens encore... C'est au nom d'une mortelle que tu m'implores... C'est en souvenir de la plus puissante et de la plus cruelle des fées, c'est en souvenir de la fée Néréa que je repousse ta prière...

BABA.
Aladin, le propriétaire nous donne notre congé.

ALADIN.
Et que m'importe... N'ai-je pas pour lutter le pouvoir de cet anneau magique?... Allons place!...

MESROUR.
Ecoute, écoute encore... Et si je te donnais toutes les richesses qui nous entourent... si je te faisais souverain de ce royaume d'argent... si je montrais à tes yeux des mines d'or et des palais de pierreries, ne t'arrêterais-tu pas?

BABA.
Aladin, mon ami, c'est une proposition qui mérite d'être écoutée.

ALADIN.
Il n'y a qu'un trésor au monde, c'est la princesse Badroulboudour.

Air : *Je l'aime* (FORTUNIO.)
Je l'aime, (*bis*)
Son amour est le seul trésor!
Je l'aime, (*bis*)
Et quand tu m'offrirais encor
La puissance et le diadème,
Je l'aime! (*ter*)

Allons, place, te dis-je et livre-moi le talisman. (Il présente son anneau à Mesrour qui fait un signe de désespoir.)

MESROUR.
Attends... Attends... Encore un dernier effort : A moi. (Des Génies entrent et veulent défendre Mesrour, mais sur le pouvoir d'Aladin, le décor change.)

SEPTIÈME TABLEAU
Les jardins de la lampe merveilleuse.

BABA.
Ça marche... ça marche.

ALADIN.
Mais la lampe!... la lampe merveilleuse!... où est-elle? je ne la vois pas. Je la veux, te dis-je... je la veux!.. (Il présente le nouveau l'anneau à Mesrour.)

MESROUR.
Sois donc obéi : Regarde.

HUITIÈME TABLEAU
LES BOSQUETS ENCHANTÉS.

Le bosquet du fond s'entr'ouvre, et découvre un escalier au haut duquel on aperçoit la lampe merveilleuse posée sur un piédestal en diamants. Aladin s'avance pour s'emparer de la lampe, mais des génies paraissent, s'emparent de lui et exécutent des danses; à la fin du ballet, Aladin a franchi les marches de l'escalier, et s'est emparé de la lampe.

ALADIN.
Allah! Kérim!... Je la tiens, frère, je la tiens.

MESROUR.
Aladin, nous sommes à tes ordres, moi et tous les autres génies serviteurs de la lampe.

TOUS.
Allah! Kérim!...

ACTE DEUXIÈME
NEUVIÈME TABLEAU

Commencement de l'un des côtés d'une rue de la ville. Trois boutiques font face au public, sur la première est écrit : Café restaurant européen. Sur la deuxième, bazar indigène, et sur la troisième, droguerie universelle.

SCÈNE PREMIÈRE.

LES HABITANTS DU PAYS SE PROMENANT DEVANT LES BOUTIQUES.

CHŒUR.
Air : la *Muette*.
Au bazar qui vient de s'ouvrir,
Amis, hâtons-nous d'accourir;
Achetons au plus juste prix,
Les produits de tous les pays.

PREMIÈRE FEMME, chez le droguiste.
Mon mari est resté ce matin trop longtemps au soleil. Il a une fièvre qui le brûle. Quel médicament me conseilles-tu?

LE DROGUISTE.
Il m'est arrivé hier un chargement d'ellébore première qualité. Donne-lui de l'Ellébore. (Un garçon sert la femme.)

DEUXIÈME FEMME, au droguiste.
Mon mari est resté trop longtemps au bain du fleuve; il a un refroidissement. Que lui ferai-je prendre?

LE DROGUISTE.
Beaucoup d'ellébore.

DEUXIÈME FEMME.
Merci. (Elle se fait servir à son tour.)

UN HOMME, entrant.
Ma femme, qui est bien la créature la plus insupportable de la terre, vient de me donner un rejeton; quelle drogue donnerai-je à l'enfant, et quelle drogue à l'autre?

LE DROGUISTE.
Il faut frotter le nouveau-né avec de l'ellébore et en faire prendre une infusion à la mère.

L'HOMME.
J'avais l'intention de faire prendre du jalap à ma femme.

LE DROGUISTE.
Garde-t'en bien, elle en mourrait.

L'HOMME, pensif.
Ah!... elle en mourrait! tu crois qu'elle en... Tiens, tiens, tiens!...

LE DROGUISTE.
Voici deux doses d'ellébore.

L'HOMME, payant.
Merci... (Il va pour sortir et revient en se grattant l'oreille.) Donne-moi toujours quelque peu de jalap.

LE DROGUISTE.
Du jalap... Mais...

L'HOMME.
J'ai beaucoup de rats à la maison. (Le garçon droguiste le sert.)

LE MARCHAND DU BAZAR INDIGÈNE, criant :
Turbans à vendre! qui veut des turbans? Ils sont tout frais. Ils arrivent, ils arrivent.

UN ACHETEUR.
Combien celui-ci?

LE MARCHAND.
Deux piastres. C'est un turban Ben-Gibus, pour soirée, c'est le dernier genre. (Il aplatit le turban en forme de claque.)

UN ENFANT.

Papa, je veux un turban Ben-Gibus, moi.

LE MARCHAND.

Achetez un turban pour ce chérubin, mon pacha? (Il coiffe l'enfant d'un turban gigantesque. Criant :) Tapis de Tunis! Pastilles du sérail!

CHŒUR DES CHANTEURS qui sortent.

Air : *la Muette*.

Au bazar qui vient de s'ouvrir,
Amis, hâtons-nous d'accourir,
Achetons au plus juste prix
Les produits de tous les pays.

SCÈNE II.

ALADIN, BABA, LE MARCHAND.

BABA.

Je tombe d'inanition.

ALADIN.

Je suis épuisé de fatigue, ah! tu dois me maudire, mon pauvre Baba.

BABA.

Te maudire! est-ce ta faute si nous ne savons pas nous servir de ce damné talisman qui reste inutile entre nos mains?

ALADIN.

Renoncer à ma chère Badroulboudour. Ah! cela me fend le cœur.

BABA.

Deux jours sans manger, ça me fend l'estomac.

ALADIN.

Ne désespérons pas encore.

BABA.

Et que pouvons nous espérer, je te le demande? un homme robuste avec beaucoup de courage peut encore se passer de travailler pendant deux jours; mais ne rien prendre entre ses repas lorsqu'on n'a ni déjeuné ni dîné! voilà une triste situation!

ALADIN.

Ce misérable magicien s'est moqué de nous! maudite lampe! j'ai beau faire des souhaits; aucun ne se réalise.

BABA.

C'est comme si l'on éternuait.

ALADIN.

Je l'ai secouée, allumée, éteinte.

BABA.

Je l'ai remplie de toutes les huiles imaginables.

Air de *l'Artiste*.

Cette lampe rétive
Je l'ai remplie en vain
J'ai mis de l'huil' d'olive
J'ai mis de l'huil' de lin,
Ma surprise est extrême
Je n' peux qu'un' désoler
L'huile de ricin elle-même (bis)
Ne la fait pas aller.

Ça ne prend pas... quel parti prendre?

ALADIN.

Hélas! je ne sais.

BABA.

Mon avis est d'aller au plus pressé et de ne pas nous laisser mourir de faim.

ALADIN.

Et pour cela que faut-il faire?

BABA.

Eh bien pour cela il faut manger.

ALADIN.

Et comment?

BABA.

Comme ça. (Il fait le signe de mâcher.)

ALADIN.

Mais il nous faudrait de l'argent.

BABA.

De l'argent... ou des aliments. Et pour nous en procurer il faut faire ce que je t'ai dit... essayer de vendre cette lampe. Tiens, je vais la proposer à cet honnête marchand.

ALADIN.

Tu le veux?

BABA.

Laisse-moi faire. (Au marchand.) Très-illustre Babouin et Cie, je viens vous proposer une excellente affaire.

LE MARCHAND.

Je n'en fais jamais d'autres.

BABA.

Vous voyez cette lampe, je vous l'offre pour un peu d'argent dont nous avons grand besoin, ce jeune seigneur et moi.

LE MARCHAND.

Qu'est-ce que vous voulez que je fasse de votre lampe? Elle n'a aucune valeur. Passez votre chemin.

ALADIN, s'approchant.

Mais elle est toute neuve. Il suffirait de la nettoyer.

BABA.

Et vous pourriez la revendre avec un honnête bénéfice.

LE MARCHAND.

Un honnête bénéfice. Ce n'est pas assez.

BABA.

Tenez, je suis sûr qu'en la frottant, elle brillera comme de l'argent.

ALADIN.

Laissez-vous attendrir, mon pauvre frère meurt de faim.

LE MARCHAND.

Je n'y puis rien, je ne suis pas marchand de comestibles.

BABA, frottant la lampe.

Ah! plût à Mahomet que vous fussiez marchand de comestibles, (la boutique se change en un magasin de comestibles de toutes sortes) ou cafetier restaurant européen comme votre voisin. Je le souhaite de tout mon cœur. (Il frotte la lampe en disant ces mots, et la boutique du cafetier vient prendre la place du bazar, qui, lui-même prend celle du café.)

ALADIN.

Que vois-je?

BABA, qui ne s'est aperçu de rien.

Ah! si vous l'étiez, mon bonhomme, comme je demanderais tout de suite un bon plat de volaille au riz. (En disant ces mots il continue de frotter la lampe.)

LE MARCHAND, se changeant en cafetier, et criant :

Servez guéridon gauche.

UN GARÇON, portant un plat.

Boumm!...

LE MARCHAND.

Ah! çà, qu'est-ce que je dis donc, moi? (Regardant le garçon.) Et qu'est-ce que tu veux, toi... (Regardant autour de lui.) Ah! par Mahomet, qu'est-ce que cela signifie?

BABA.

Quoi donc?

ALADIN.

Regarde... regarde!...

BABA.

Un restaurant... et la bête au riz demandée!... (Criant.) A table!... à table!... à table!... (Il se met à manger.)

ALADIN.

Que veut dire ceci? Qu'as-tu fait, Baba? Qu'as-tu dit en formant ce souhait?

LE MARCHAND, le tirant de l'autre côté.

Mes étoffes! mes turbans! Ah! c'est quelque sortilège, cela n'est pas naturel.

BABA, la bouche pleine.

Non, ce n'est pas naturel. C'est très-poivré.

LE MARCHAND.

Je suis ruiné, dévalisé.

ALADIN.

Mais, réponds donc, Baba, comment tenais-tu la lampe en parlant ainsi? Réponds.

LE MARCHAND.

Vous êtes un sorcier... C'est vous qui m'avez ruiné.

BABA.

Moi!... mais je vous dis que je n'y suis pour rien... Est-il entêté!... Je nettoyais la lampe comme cela... (Il frotte la lampe.) Et j'ai souhaité que vous fussiez marchand de comestibles, comme je souhaiterais que vous fussiez le droguiste d'à côté. (Il frotte la lampe, la boutique de droguerie prend la place du café.)

ALADIN.

Encore?

BABA.

Mais c'est assez causer, j'ai encore faim, moi. (Criant.) Garçon!... servez la suite. Boumm! (Le garçon droguiste entrant une tasse à la main.) Voilà, voilà...

BABA.

C'est le café... (Il prend la tasse.)

ALADIN.

Je comprends tout... Il suffit de frotter le talisman...

LE MARCHAND.

Un talisman!... C'est un vrai talisman?

BABA, buvant.

Quel drôle de goût il a, ce café-là!... Ah!... qu'est-ce que vous m'avez donc... (Regardant le garçon.) Mais c'est un... mais vous êtes un apothi...

LE PHARMACIEN.
Oui... me voilà apothicaire, à présent...
BABA.
Un apothicaire, un donneur de... Et vous osez me regarder en face, vous... Qu'est-ce que vous m'avez fait boire ?
LE PHARMACIEN.
Un très-fort purgatif.
BABA, criant.
Un purga... Ah !
ALADIN, prenant la lampe.
Console-toi, tu seras bientôt guéri.
LE MARCHAND.
Donnez-moi votre lampe... Je vous l'achète pour le prix que vous fixerez.
ALADIN.
Non pas. Il est trop tard maintenant, maître Babouin !...
LE MARCHAND.
Le marché était conclu !... Elle est à moi.
BABA.
A vous ! allons donc... Aïe !... (Se tenant le ventre.) Ne lâche pas la lampe, Aladin !...
LE MARCHAND, allant fermer la porte.
Vous ne sortirez pas.
ALADIN.
C'est ce que nous allons voir... (Il frotte la lampe.) Je veux que nous soyons...
BABA.
Ou plutôt, non... donne-moi la lampe...
ALADIN.
Soit. (Il donne la lampe à Baba.)
BABA, frottant la lampe.
Toi et ta boutique, que tout disparaisse à l'instant. (Les boutiques et le marchand disparaissent sous terre.)
BABA.
Viens, Aladin, j'ai mon idée !... (Ils sortent.—Changement.)

DIXIÈME TABLEAU

Un petit bois. — De tous côtés on voit des champignons ; au milieu du théâtre est un énorme champignon.

ALADIN, BABA, entrant, puis LE GÉNIE.

ALADIN.
Où sommes-nous ?
BABA, regardant de tous côtés.
Mon ami, nous sommes dans un champ de champignons vénéneux ; il m'a empoisonné avec son purgatif... Je veux faire de l'homéopathie.
ALADIN.
Évoquons plutôt le génie mystérieux de la lampe.
BABA.
Tu crois... Évoque... frotte... frotte...
ALADIN, frottant la lampe.
A moi le génie de la lampe merveilleuse.
LE GÉNIE.
Que me veux-tu ? nous voici prêts à t'obéir comme tes esclaves, moi et les autres serviteurs de la lampe.
ALADIN.
Je veux voir la princesse Badroulboudour.
LE GÉNIE.
Tu la verras.
ALADIN.
Je veux plus encore.
LE GÉNIE.
Que veux-tu ?
ALADIN.
Je veux être assez riche, assez puissant, pour devenir son époux.
BABA.
Tiens ! tiens ! l'appétit vient en mangeant... comme a dit Mahomet.
ALADIN.
Est-il en ton pouvoir de me faire le plus riche des habitants de ce royaume ?
LE GÉNIE.
Cela est en mon pouvoir.
ALADIN.
Obéis donc.

BABA.
Oui, oui, de l'or, de l'argent des pierreries... trésors pour deux... servez... Boumm !

ONZIÈME TABLEAU

Un jardin splendide. — Le champignon qui est au milieu du théâtre se développe. Des colonnes se séparent du pied et supporte un petit pavillon d'où sortent le génie de la lampe, puis une multitude de petits génies qui viennent se ranger autour d'Aladin.

ALADIN.
Que dans un instant toutes ces richesses que je veux offrir au schah soient à la porte de son palais.
LE GÉNIE.
Tes ordres vont être exécutés.
ALADIN.
Conduis-moi, vers la princesse ?
BABA.
Vers les princesses.
LE GÉNIE.
Partons...
BABA.
Oui partons... (Il prend la queue des petits génies. Une géante paraît et marche derrière lui : Baba se retournant et apercevant la géante.) Sapristi. Voilà un beau brin de fille. Cette femme est un bien bel homme !

DOUZIÈME TABLEAU

Une salle du palais.

SCÈNE PREMIÈRE.
EUNUQUES, PLUSIEURS ESCLAVES.

PREMIER EUNUQUE.
Soyons gais, soyons très-gais, mes enfants, on va célébrer le mariage de la fille de notre sublime schah.
DEUXIÈME EUNUQUE, tristement.
Nous sommes tous très-joyeux.
TOUS, d'une voix sombre.
Oui... tous...
PREMIER EUNUQUE.
Tous !
TOUS, gravement.
Tous, très-joyeux.
PREMIER EUNUQUE.
Allons c'est bien, voici justement le schah, ses filles et sa cour. Ne cachez pas la gaieté qui vous anime.

SCÈNE II.
LES MÊMES, LE SCHAH, BADROULBOUDOUR, GRUDINDOIE, TOUTE LA COUR.

LE SCHAH.
Eh bien, ma chère Badroulboudour, c'est aujourd'hui que tu épouses le fils de mon vizir. Ton fiancé est jeune, d'une bonne santé, son esprit est borné. J'espère que tu seras heureuse.
BADROULBOUDOUR.
Oh ! celui-là ou un autre, mon père, ça m'est bien égal.
LE SCHAH.
J'aime cette soumission, mais j'aimerais aussi à voir sur ton visage un peu plus d'émotion. Une certaine pâleur sied bien à une jeune fille comme il faut dans de semblables circonstances.
GRUDINDOIE.
C'est vrai ça, tu quittes papa, tu te maries, et tu n'es pas contente, qu'est-ce qu'il te faut donc alors ?
BADROULBOUDOUR.
Mais mon père c'est bien simple, je vous quitte avec regret et je me dispose à suivre mon époux sans crainte ni plaisir.
LE SCHAH.
Oui... oui... je sais... (à part.) Il n'y a pas à dire, elle est froide. Ah ! la fée ! la fée !... Hélas ! qu'a fait la fée.
GRUDINDOIE.
Et mon tour, papa... est-ce qu'il ne viendra pas ?
LE SCHAH.
Patience.
GRUDINDOIE, grognant.
Patience... patience... Vous dites toujours ça... c'est ennuyeux, à la fin...

Air : *Ah! maman.* (GENEVIÈVE DE BRABANT.)

Ah! papa!... ah! papa! (*bis*)
Il est temps qu'on me marie.
Ah! papa!... ah! papa! (*bis*)
Voilà
Ma sœur établie,
A mon tour aujourd'hui,
Qu'on me donne un mari;
Qu'il soit laid ou joli,
Un mari (*bis*)
Ah! papa!... ah! papa! (*bis*)
Je ne pense plus qu'à cela.
Oui, oui
Un mari. (*bis*)

DEUXIÈME COUPLET.

Tiens, papa, papa, (*bis*)
Trouveriez-vous agréable?
Tiens, papa, papa,
De voir les autres à table
D'être près du gâteau,
Sans en prendre un morceau,
D'assister au festin,
La fourchette à la main,
Ah! papa! ah! papa! etc.

LE SCHAH.

Si tu crois que c'est en grognant toujours qu'on trouve des maris?

GRUDINDOIE.

Eh bien, trouvez-m'en un seulement, et je vous promets que je serai très-gaie la première fois que je me marierai.

LE SCHAH.

Comment, la première fois?

GRUDINDOIE.

Mais dame, un mari, ça ne peut pas toujours durer.

BADROULBOUDOUR.

Mon père, il me semble que vous auriez mieux fait de marier ma sœur que moi.

GRUDINDOIE.

Oh! oui, papa, mariez-moi tout de suite.

LE SCHAH.

Ma fille, vous manquez de retenue.

GRUDINDOIE.

Papa, c'est donc mal de se marier?

LE SCHAH.

Au contraire, c'est de première nécessité.

GRUDINDOIE.

Alors, plus c'est bien, plus il faut se marier de fois.

LE SCHAH, à Badroulboudour.

Elle a des raisonnements d'une profondeur qui m'étonne... Je me demande souvent si c'est elle qui est... bête... ou si c'est moi qui suis... il y a des instants où je flotte...

GRUDINDOIE.

Ah! voilà le fiancé de ma sœur...

LE SCHAH, à Badroulboudour.

Ma fille, fais-moi l'amitié de prendre un air à la fois joyeux et triste... ça ne t'engagera à rien : mais c'est pour le monde.

SCÈNE III.

LES MÊMES, SCHAÏBA-BOU, SUITE.

LE SCHAH.

Arrivez donc, mon gendre, on n'attend plus que vous.

SCHAÏBA-BOU.

Puissant monarque et beau-père, je me rends à mon devoir.

LE SCHAH.

Avez-vous vos papiers?

SCHAÏBA-BOU.

Les voici!

LE SCHAH.

Ils sont en règle?

SCHAÏBA-BOU.

Je les ai tous... Ah! excepté mon acte de décès que je n'ai jamais pu trouver à la mairie.

LE SCHAH.

Comment, votre acte de décès... vous vouliez votre acte... (A part.) J'aurais dû lui faire épouser Grudindoie.

SCHAÏBA-BOU.

Impossible de me le procurer.

LE SCHAH.

Nous nous en passerons pour aujourd'hui.

GRUDINDOIE.

Mais il faut espérer qu'on le dressera bientôt.

LE SCHAH.

Ah çà! et votre père, mon ministre universel, où donc est-il?

SCHAÏBA-BOU.

Sublime Majesté, il travaille.

LE SCHAH.

Encore... Ah! mes pauvres sujets!

SCHAÏBA-BOU.

Il fait, je crois, un traité sur le pal.

LE SCHAH.

Ah!

SCHAÏBA-BOU.

Il sera ici dans un instant avec les présents que j'offre à ma fiancée...

LE SCHAH.

Qu'ils soient les bien venus, lui et les dons dont vous parlez.

SCÈNE IV.

LES MÊMES, BOU-SCHAÏBA, ESCLAVES, portant une immense corbeille.

LE SCHAH.

Venez, venez, Bou-Schaïba.

BOU-SCHAÏBA, maintien très-roide et se tenant toujours fort droit.

Sublime lumière, phare de l'univers, je vous salue.

LE SCHAH.

Permettez, cher ami, permettez, vous me dites toujours : je vous salue, et vous ne saluez pas du tout.

BOU-SCHAÏBA.

Vous croyez, grand soleil.

LE SCHAH.

Je crois.

GRUDINDOIE.

C'est vrai, ça, vous ne saluez jamais papa.

BOU-SCHAÏBA.

C'est que...

LE SCHAH.

Écoutez, Bou-Schaïba, je remarque en vous, depuis quelques jours une très-grande noblesse de démarche qui me charme, mais vous avez en même temps une certaine roideur qui me blesse.

BOU-SCHAÏBA.

Une... roideur... moi où, où ça.

LE SCHAH.

Je ne sais, mais vous avez de la roideur. Allons, rendez hommage à votre monarque, saluez, monsieur, saluez-moi.

BOU-SCHAÏBA.

Que je vous...

SCHAÏBA-BOU.

Mais saluez donc, papa...

GRUDINDOIE.

Mais saluez donc papa!...

BOU-SCHAÏBA, essayant de sourire.

Certainement, je ne demande pas mieux.

LE SCHAH.

A la bonne heure. (Silence.) Eh! eh! c'est qu'un manque de respect envers le souverain... Vous savez mon bon... empalé.

BOU-SCHAÏBA.

Moi... em... empalé... Ça ne se peut plus. (Se reprenant.) Ça ne se peut...

LE SCHAH.

Allons, saluez.

BOU-SCHAÏBA.

Voilà seigneur... voilà. (Il fait la révérence comme une femme.)

LE SCHAH.

Mais... mais ce n'est pas un salut cela!

GRUDINDOIE.

C'est une révérence.

BOU-SCHAÏBA.

Eh bien... je salue mon souverain. (Recommençant.) Avec révérence.

LE SCHAH.

C'est bien... (Bas.) A propos, avez-vous recommandé à votre fils de ne pas dire un mot d'amour à sa femme.

BOU-SCHAÏBA.

Soyez sans inquiétude.

GRUDINDOIE.

C'est vrai, elle n'aime pas qu'on lui parle d'amour, ma sœur. Elle le refuserait net, comme elle a déjà refusé les trois cent soixante-cinq prétendants qui avaient eu l'imprudence de lui peindre leur flamme.

BOU-SCHAÏBA, bas.

Vous allez voir. (Haut.) Schaïba-Bou, faites votre compliment à la princesse. (Bas.) Et n'oubliez pas mes recommandations, pas de fadaises, soyez positif, pratique, éminemment pratique.

SCHAÏBA-BOU.

Oui, p'pa. Princesse, je vais devenir votre époux. C'est un mariage de convenance, vous êtes riche et puissante. De mon côté, je suis puissamment riche, et nous serons souverains de ce pays, qui est le plus beau du monde, à la mort de votre père.

LE SCHAH.

Qu'est-ce qu'il dit...

SCHAÏBA-BOU, souriant.

A la mort de votre père qui ne saurait tarder longtemps.

BOU-SCHAÏBA.

Pratique... éminemment pratique.

LE SCHAH.

C'est ce que nous verrons.

SCHAÏBA-BOU.

Qu'on apporte la corbeille... suivant un usage ridicule, je vous offre quelques présents, je les ai choisis utiles et agréables. (Des serviteurs portant la corbeille approchent.)

BADROULBOUDOUR.

Que vois-je !

GRUDINDOIE.

C'est la corbeille !... ça ?...

SCHAÏBA-BOU.

Voici le détail de ce qu'elle renferme. (Il lui donne un papier.)

GRUDINDOIE, lisant.

Linge de table et de toilette.

SCHAÏBA-BOU.

Il est damassé...

GRUDINDOIE.

Ah ! vous avez amassé du linge ?...

SCHAÏBA-BOU.

Oui, j'ai un peu de linge damassé.

GRUDINDOIE.

Bon ! (Lisant.) Gilets de flanelle pour monsieur.

SCHAÏBA-BOU.

La santé de l'époux est le plus beau présent à faire à l'épouse.

LE SCHAH.

Ça n'est pas mal, ça.

BOU-SCHAÏBA, au schah fièrement.

Eh bien, seigneur, comment trouvez-vous que je l'ai élevé.

LE SCHAH.

Il est pratique ; ma fille, rends-lui sa politesse et réponds-lui quelques mots bien sentis.

BADROULBOUDOUR.

Schaïba-Bou, puisque le mariage est une nécessité... autant vous qu'un autre, voici ma main.

LE SCHAH.

Allons, ça s'est mieux passé que je ne croyais, vizir, donnez le signal... Et si j'ose m'exprimer ainsi, que la fête commence. (Ils sortent tous. Changement.)

TREIZIÈME TABLEAU
Les jardins du palais.

BALLET.

QUATORZIÈME TABLEAU.
Un boudoir Louis XV.

SCÈNE PREMIÈRE.
LE SCHAH, BOU-SCHAÏBA.

LE SCHAH, serrant la main à Bou-Schaïba.

Ah ! nous avons agi en bons pères de famille ! Ces chers enfants, les voilà unis !... puissent-ils être heureux. En somme, nous en voici débarrassés.

BOU-SCHAÏBA.

Et nous pouvons nous livrer à la joie.

LE SCHAH.

Maintenant, allons nous coucher. (Il chante.) Ah ! Dieu le bel venir !

SCÈNE II.
LES MÊMES, UN SERVITEUR. (Grand bruit dans la coulisse.)

LE SCHAH.

Quel est ce bruit ?

LE SERVITEUR.

Grande lumière, deux étrangers accompagnés d'une suite nombreuse et brillante sollicitent l'honneur d'être introduits devant vous.

LE SCHAH.

A cette heure ! qu'on les chasse.

LE SERVITEUR.

Ils apportent de riches présents.

LE SCHAH.

Je les recevrai avec plaisir, qu'on les introduise.

SCÈNE III.
LES MÊMES, BABA, ALADIN, magnifiquement vêtus, accompagnés d'esclaves portant des vases d'or, d'argent, etc.

LE SCHAH.

Que de magnificence ! Leur figure me plaît.

BOU-SCHAÏBA.

Ces visages ne me sont pas inconnus.

BABA, bas à Aladin.

Notre ennemi le magicien.

ALADIN.

Attends, je vais nous rendre méconnaissables à ses yeux. (Il tire la lampe de son sein.)

BOU-SCHAÏBA, à Aladin.

N'êtes-vous pas ?...

ALADIN, qui a frotté la lampe.

Qui donc, seigneur ?

BOU-SCHAÏBA.

Connais pas.

LE SCHAH.

Approchez, nobles étrangers. Parlez, je vous écoute.

ALADIN.

Très-illustre schah, vous êtes de tous les monarques le plus puissant et le plus fortuné, votre renommée est universelle, le pays que vous gouvernez est le plus beau du monde.

BABA.

Ces paroles hardies, blessent peut-être vos oreilles ? mais voilà comme nous sommes, c'est à prendre ou à laisser.

LE SCHAH.

Je prends... je prends toujours... continuez.

ALADIN.

Daignez nous permettre, schah magnanime, de déposer à vos pieds ces modestes présents.

BABA.

Qui n'ajouteront rien à vos richesses.

LE SCHAH.

Aimables étrangers, la noblesse de votre langage est un velours pour mes oreilles ; j'accepte vos cadeaux comme un témoignage de votre admiration pour ma grandeur, pour ma vaste intelligence, pour mon esprit transcendant, en un mot pour mon génie.

BABA.

Et pour sa modestie.

BOU-SCHAÏBA, bas.

Seigneur ! pour vous faire d'aussi magnifiques présents, que peuvent-ils avoir à vous demander, je tremble.

LE SCHAH, bas.

Tu crois que... laisse-moi faire. (Haut.) Mais ce qui à mes yeux donne un prix inestimable à vos présents, c'est que certainement, ils sont tout à fait désintéressés.

BABA.

Hein ?

LE SCHAH.

Non, vous ne voulez rien me demander en échange, âmes d'élite... Je le vois sur votre visage, c'est beau, c'est grand, c'est noble, et c'est ainsi que j'aime à recevoir. Mais il se fait tard, retirez-vous, mes amis, et dormez en paix.

BOU-SCHAÏBA, au schah.

Pratique... éminemment pratique...

BABA, bas.

Mais il nous dévalise.

ALADIN, bas.

Calme-toi.

BABA.

Pardon, prince, mais nous aurions quelque chose...

LE SCHAH.

Bonsoir ! bonsoir !

BABA, d'une voix formidable.

Quelque chose à vous donner.

LE SCHAH, s'arrêtant.

Hein? que désirez-vous encore de moi, mes amis? je vous écoute.

ALADIN, bas.

Je n'oserai jamais.

BABA, bas.

Attends... (Haut.) Prince, nous voulons vous faire le présent le plus inestimable qu'un père puisse recevoir.

LE SCHAH.

Vous m'effrayez.

BABA.

Un gendre? pour vous.

LE SCHAH.

Un gendre.

ALADIN.

Un époux pour votre fille.

LE SCHAH.

Vous voulez la main de ma fille, inépuisables étrangers!

BABA.

Nous implorons sa main, à genoux.

LE SCHAH.

Jeune homme, dans mes bras, sur mon cœur!

BABA.

Et vous ne lui donnerez pas de dot à votre fille.

LE SCHAH.

C'est justement ce que je comptais lui donner... Et tenez, la voici...

SCÈNE IV.

Les Mêmes, GRUDINDOIE.

GRUDINDOIE.

Papa! papa! ma sœur vous demande...

LE SCHAH.

Qu'elle attende.

BABA.

Mais c'est elle, c'est ma princesse!

LE SCHAH.

Approche, ma fille bien-aimée, ne me disais-tu pas que tu te trouvais en âge de prendre un époux?

GRUDINDOIE.

Oh oui, papa, tout de suite.

BABA.

Tout de suite! quelle aimable candeur.

LE SCHAH.

Eh bien, mon enfant, ouvre ton cœur à la joie, et à ce jeune étranger qui me demande ta main, je la lui accorde sans hésiter.

BABA.

A lui? qu'est-ce qu'il chante donc, la grande lumière?

GRUDINDOIE.

Ah! papa, quel bonheur! (Elle veut embrasser Baba.) Le jeune garçon des bains.

LE SCHAH.

Non, pas celui-ci, l'autre, c'est le joli que je te donne.

BABA.

Plaît-il.

GRUDINDOIE.

J'aimerais mieux prendre le petit laid.

BABA.

Le petit laid.

ALADIN.

Mais prince, il y a erreur, c'est la princesse Badroulboudour que je vous demande en mariage, c'est elle que j'aime.

LE SCHAH.

La princesse Badroulboudour! ah! diable! c'est différent, vous êtes en retard de huit jours, jeune homme, elle est mariée.

ALADIN.

Mariée!... que dites-vous? mariée!

BOU-SCHAÏBA.

Mariée depuis une heure à mon fils Schaïba-Bou.

BABA.

Mariée à cet idiot-là!...

LE SCHAH, à Aladin.

Croyez bien que si j'avais connu plus tôt votre intention, je vous aurais donné la préférence sur le fils de mon vieux et fidèle serviteur, mais je vous le répète, il est huit jours trop tard, les deux époux sont mariés...

BABA.

Patatras!..

GRUDINDOIE.

Eh bien, et moi, et mon mariage... (pleurnichant) on me promet un mari, on ne me le tient pas, c'est dégoûtant.

LE SCHAH.

Viens, ma fille, c'est une affaire manquée, heureusement tu n'es pas compromise.

GRUDINDOIE, grognant.

J'aimerais mieux ça et me marier, moi, na...

BABA.

Grand schah! votre fille est princesse et je ne suis qu'un rien du tout, n'importe, je foule aux pieds de vains préjugés, son rang, son nom, son titre, je lui sacrifie tout et j'offre de devenir son mari.

GRUDINDOIE.

Oh! papa!

LE SCHAH.

J'apprécie ce noble caractère, et si tu oses encore lever seulement un œil sur elle, je te fais... fermer les deux.

BABA, étonné.

Ah!

GRUDINDOIE.

Jeune homme, ne désespérez pas, le respect m'ordonne d'obéir à mon père... mais si je peux me soustraire à sa tyrannie... tu verras, mon petit...

LE SCHAH, avec colère, à Aladin.

Assez! c'en est trop!... assez!... Quant à vous, jeune homme, nous sommes tous mortels, dans le cas où Badroulboudour aurait le bonheur de devenir veuve, vous avez ma parole...

BABA.

Oui... Eh bien, allons tuer le marié alors.

GRUDINDOIE.

Au revoir, petit laid... au revoir.

BABA.

Au revoir belle Grudindoie.

LE SCHAH.

Les cadeaux par là, ma fille par ici...

BABA.

Que faire!

ALADIN.

Nous reviendrons, et cette fois grâce à notre talisman, nous serons invisibles.

BABA.

Invisibles, c'est dit...

CHŒUR.

Air : *Eh quoi payer propriétaire.* (Les Bavards.)

BABA, GRUDINDOIE.
Il faut obéir à mon père,
Il ne veut pas nous réunir!
Si jamais je puis m'y soustraire,
  elle peut s'y soustraire,
Je tromperai
Elle trompera son bon plaisir.

LE SCHAH.
Il faut obéir à ton père,
A son père il faut obéir,
Les cadeaux qu'on vient de me faire
Malgré tout me font plaisir.

BOU-SCHAÏBA.
Allons, je commence à m'y faire,
C'est bien gênant pour un vizir,
Je finirai par m'y soustraire,
Je finirai par me guérir.

(Ils sortent.)

SCÈNE V.

GRUDINDOIE, seule.

Adieu, petit laid... C'est bien dommage, il était si gentil!...

SCÈNE VI.

GRUDINDOIE, BADROULBOUDOUR, SCHAÏBA-BOU.

GRUDINDOIE.

Tiens, vous voilà?...

SCHAÏBA-BOU.

Comment, la petite belle-sœur ici, chez nous?

GRUDINDOIE.

Et je soupe avec vous.

SCHAÏBA-BOU.

Nous allons faire un souper de noces à trois?

SCÈNE VII.

Les Mêmes, ALADIN et BABA.

ALADIN, *sorti de terre à droite et parlant à part.*
A quatre s'il vous plaît.
BABA, *sortant de terre à gauche.*
A cinq, si ça vous est égal. (Ils se rapprochent.)
SCHAÏBA-BOU.
Allons, soit, que l'on serve le souper.
ALADIN, *à Baba.*
Approchons, nous sommes invisibles.
BABA.
Approchons...
SCHAÏBA-BOU, *à part.*
Qu'elle est belle... (A Badroulboudour.) Adorable princesse !... Permettez-moi de déposer sur votre front virginal un baiser préliminaire. (A ce moment Baba s'avance et reçoit le baiser.) Elle a la peau un peu dure...
BABA.
Je le crois bien, une barbe de trois jours.
GRUDINDOIE.
Mais l'heure s'avance, il est temps de souper...
BADROULBOUDOUR.
Oui... à table...
TOUS.
GRUDINDOIE, *à Schaïba-Bou.*
Ne criez donc pas si fort, vous....
SCHAÏBA-BOU.
Je n'ai rien dit...

CHŒUR.

Air :

A table... à table,
Célébrons cet heureux hymen,
A table, à table,
Pour un délectable festin.

GRUDINDOIE.
Asseyons-nous...
BABA.
Attends... puisque nous sommes invisibles je vais vous en débarrasser... (Il s'assied sur le siége où va se mettre Schaïba-Bou.)
SCHAÏBA-BOU, *s'asseyant sur Baba.*
Quel mauvais siége !.. Et puis il remue !.. Ah ! mais il remue trop...
BABA.
On t'en donnera des siéges pareils.... (Il le fait danser sur ses genoux, puis il se retire brusquement, Schaïba-Bou tombe.)
Pourquoi donc qu'il s'asseoit par terre : relevez-vous donc !... à votre santé... mon frère...
SCHAÏBA-BOU, *se relevant.*
A la vôtre, belle-sœur... Je voudrais un siége moins incommode que celui-là.
GRUDINDOIE.
Prenez le mien... (Elle emporte son assiette et va se mettre sur un fauteuil à droite et qui fait face au public.)
SCHAÏBA-BOU, *qui a emporté une assiette, va se placer sur un fauteuil à gauche.*
Non, je serai très-bien ici...
ALADIN.
Bravo, me voilà seul auprès d'elle... (Il lui baise la main.)
BADROULBOUDOUR.
Ah !...
GRUDINDOIE.
Quoi donc ?
BADROULBOUDOUR
J'ai senti sur ma main...
GRUDINDOIE, *mangeant.*
Tu as senti quoi ?
BADROULBOUDOUR.
Comme un baiser...
GRUDINDOIE.
Un baiser ?..
SCHAÏBA-BOU.
Un baiser ?.. (Riant.) Ah ! ah ! ah ! Est-ce que c'est possible puisque je suis ici.
BABA.
Certainement, puisqu'il est là-bas... (A Aladin). Va toujours, va toujours...
ALADIN.
Je tremble auprès d'elle...
BABA.
Eh bien, va en tremblant, mais va... (Aladin lui baise le front.)
BADROULBOUDOUR.
Ah ! mon Dieu !...
GRUDINDOIE.
Quoi donc encore ?
BADROULBOUDOUR.
Cette fois... un baiser sur le front...
SCHAÏBA-BOU.
Mais puisque je suis ici.
BABA.
Mais oui, puisqu'il est là... Tiens, je vais m'arranger pour qu'il n'y reste pas... (Il frotte sa lampe. — Au moment où Schaïba-Bou va porter sa fourchette à sa bouche, le bras de son fauteuil s'appuie sur le sien et l'empêche de manger.)
SCHAÏBA-BOU.
Oh ! là, là !..
GRUDINDOIE.
Qu'est-ce qu'il y a ?
SCHAÏBA-BOU.
Oh ! là, là !..
GRUDINDOIE, *très-effrayée.*
Mais qu'est-ce qu'il a donc ?..
BADROULBOUDOUR.
Parlez... répondez...
SCHAÏBA-BOU, *tremblant.*
C'est... c'est... c'est... mon fauteuil... mon fauteuil...
GRUDINDOIE.
Son fauteuil... il rêve !.. Ah ! il m'a fait une peur qui m'a creusé l'estomac. (Elle va pour manger, Baba frotte la lampe, le bras du fauteuil lui arrête le bras.) Oh ! là là !..
SCHAÏBA-BOU.
Qu'est-ce que vous avez ?
BADROULBOUDOUR.
Qu'as-tu à ton tour ?
GRUDINDOIE.
C'est... c'est... c'est... le fauteuil.
BADROULBOUDOUR.
Le fauteuil... aussi... mais tu rêves !
BABA.
Et moi je vais les réveiller. (Les deux fauteuils serrent la taille de Schaïba-Bou et de Grudindoie qui crient et finissent par se lever. Les fauteuils se transforment en bergères, qui saluent et sortent.)
GRUDINDOIE.
Tiens, les siéges qui s'animent...
SCHAÏBA-BOU.
Les fauteuils étaient des bergères... elles n'étaient point causeuses... Mesdames au plaisir de vous revoir.
BABA.
Toi, maintenant, fais-moi le plaisir de t'éloigner un peu... (Schaïba-Bou disparaît.) Aladin, nous te laissons avec la princesse, je m'engage à cesser d'être invisible comme je le fais moi-même... (Se présentant à Grudindoie.) Charmante Grudindoie. (Il lui présente la main.)
GRUDINDOIE.
Tiens, d'où sortez-vous donc... monsieur ?
BABA.
Je vais vous l'expliquer, princesse... (Il lui prend le bras et l'emmène.)
GRUDINDOIE.
Mais, monsieur...
BABA, *continuant de marcher.*
Il était une fois un roi, une reine et un apothicaire... Le roi dit à l'apothicaire... (Ils disparaissent.)

SCÈNE VIII.

ALADIN, BADROULBOUDOUR.

ALADIN.
Seul avec elle... tâchons de toucher son cœur... (Il se montre.) Princesse...
BADROULBOUDOUR, *effrayée.*
Ah !... qui êtes-vous ?... que voulez-vous ?
ALADIN.
Je suis le plus humble de vos serviteurs, un poëte qui va chantant, pour désennuyer les belles princesses, des chansons tristes ou joyeuses... Voulez-vous quelque chose de moi ?...
BADROULBOUDOUR, *à part.*
Quelque galanterie peut-être de Schaïba-Bou que j'ai tort de rudoyer ainsi... (Haut.) Votre figure me plaît, votre voix est douce, je vous entendrai volontiers ; dites-moi quelque belle histoire.

ALADIN.

Air de M. Decroix.

Il était un jour, madame,
Un jeune et pauvre artisan
Amoureux au fond de l'âme,
D'une princesse du sang :
Il allait, chantant sa peine,
Sous les balcons du palais,
Si bas, que sa souveraine
Ne put l'entendre jamais,
Or, l'oiseau volerait sans aile,
Sans soleil fleurirait la fleur,
Plutôt que loin de sa belle,
Ne battrait un pauvre cœur.

Un jour, un élan suprême
Le fit tomber à genoux,
Il allait dire : Je t'aime,
Quand elle prit un époux,
Las d'aimer sans espérance,
Le pauvre amant résolut
De finir son existence,
Qui, dès lors était sans but,
Car l'oiseau volerait sans aile, etc.

BADROULBOUDOUR.

Comment! elle ne fut pas touchée de tant d'affection, d'un si grand dévouement?

ALADIN.

Non, princesse.

BADROULBOUDOUR.

Pauvre jeune homme!...

ALADIN.

Vous le plaignez... Vous lui auriez donc rendu l'affection qu'il vous aurait vouée?...

BADROULBOUDOUR.

L'affection!... sans doute... Il m'intéresse et il me semble qu'à la place de la princesse. Mais, qu'est-il devenu?

ALADIN.

Ce qu'il est devenu?... Il est... (Se jetant à ses pieds.) Adorable Badroulboudour, il est à vos genoux! Car le malheureux amant, c'est moi, c'est vous que j'aime, c'est pour vous que j'ai bravé mille dangers...

BADROULBOUDOUR, l'écartant violemment.

Vous! vous m'aimez, moi?... Vous osez me dire que vous m'aimez?... Sortez! holà! Quelqu'un! chassez ce fou, cet insolent! sortez!...

ALADIN.

Quel changement!... mon Dieu!... que dit-elle!

BADROULBOUDOUR, sonnant.

A moi!... A moi!...

SCÈNE IX.

ALADIN, BABA, puis LE GÉNIE DE LA LAMPE.

ALADIN, frottant la lampe.

Oh! je saurai pourquoi elle me repoussait avec tant de colère...

BABA.

Elle t'a repoussé.

ALADIN.

A moi, Mesrour!

LE GÉNIE, apparaissant.

Que me veux-tu?... Nous voici prêts à t'obéir.

ALADIN.

Je t'ai dit que j'aimais la princesse Badroulboudour.

LE GÉNIE.

Oui, maître.

ALADIN.

Que je voulais être aimé d'elle...

LE GÉNIE.

Oui, maître, et je te dis moi que demain son mariage sera rompu.

BABA.

Après la conduite de son mari, j'y compte bien.

ALADIN.

Quel espoir; mais elle, je l'ai vue d'abord douce, indulgente, bonne, me laissant l'espoir d'être aimé... puis, tout à coup, un changement étrange s'est opéré en elle... Pourquoi cette aversion soudaine?... au moment où entraîné par la douceur et la compassion que je lisais dans son regard, je me suis jeté à ses pieds en lui disant : Je vous aime?...

LE GÉNIE.

C'est une loi fatale à laquelle est soumis le cœur de la princesse.

ALADIN.

Que dis-tu?...

LE GÉNIE.

Elle ne peut que haïr celui qui lui dira qu'il l'aime d'amour...

ALADIN.

Qu'entends-je?...

BABA.

Eh bien, ça n'est pas comme sa sœur... Elle ne demande qu'à placer son cœur, celle-là...

ALADIN.

Ah! je comprends à présent... Dis-moi le nom du magicien, le nom de la fée qui l'a condamnée à cette éternelle insensibilité, à cette froide ignorance de l'amour?...

LE GÉNIE.

Tu me demandes son nom?... Je te l'ai dit déjà...

ALADIN.

A moi?...

LE GÉNIE.

Je te l'ai dit le jour où tu t'emparas de ce précieux talisman. Cette fée cruelle, cause de ta souffrance est celle qui a brisé le cœur de Mesrour, c'est la fée Néréa.

ALADIN.

Celle que tu aimes?... Eh bien, je veux aller la trouver, l'implorer et rendre à la princesse qui m'est chère, la plus grande joie de la vie, le seul bonheur qui fasse comprendre sur terre les félicités du ciel?...

LE GÉNIE.

Néréa est implacable.

ALADIN.

Où règne la fée Néréa...

LE GÉNIE.

Au pôle Sud!

ALADIN.

Je veux un vaisseau magnifique qui m'y conduise plus rapidement que le vent, plus vite que l'éclair.

LE GÉNIE.

Tu vas être obéi... viens... (Il fait un signe et disparaît.)

BABA.

Fichtre!... quel voyage!... Enfin, si c'est aux frais de l'État!... (Ils sortent.)

QUINZIÈME TABLEAU

LA MER.

Le théâtre change et représente la mer. Un énorme vaisseau arrive du fond jusqu'à l'avant-scène, où il vire et se présente de flanc : Aladin et Baba, qui sont restés debout sur une sorte de rocher gravissent le flanc du vaisseau et montent sur le pont.

ALADIN, sur le pont.

Courage, Baba...

BABA, sur le pont.

Ouf!... ce n'est pas le courage qui me manque... c'est le cœur... Beuh!... Beuh!... comme ça remue!... ah! que je n'aime pas bien cela!... Beuh!...

ALADIN.

Allons donc, poltron!

BABA.

Ah! mon ami, que je suis mal à mon aise...

ALADIN.

Du courage!

BABA.

Je ne peux... je ne peux supporter ça plus longtemps... arrêtez cocher... arrêtez... j'en ai assez.

ALADIN.

Impossible...

BABA.

La terre!... au nom du ciel, la terre où e me jette à l'eau.

ALADIN.

La terre... tiens la voici.

BABA.

Où... où... Beuh!... (Aladin frotte la lampe — Changement.)

SEIZIÈME TABLEAU

La mer se retire. Le vaisseau se transforme en une sorte de terrasse à deux étages, couverts de tables servies chargées de lumières et entourées de convives. Des flancs du navire s'abattent deux escaliers que gravissent des files d'esclaves et de seigneurs. Aladin porte un toast à la princesse, et chante sa victoire prochaine. Le chœur lui répond :

ALADIN.

Air : *Je veux au plaisir qui m'appelle.*

Je bois à la noble princesse,
Dont je veux conquérir l'amour,
C'est par moi que la tendresse,
En son cœur doit éclore un jour,
Je saurai combattre pour elle,
Je saurai conjurer le sort;
Le ciel qui la créa si belle,
Pour l'amour la créa d'abord.

CHŒUR.

Le ciel qui la créa si belle,
Pour l'amour la créa d'abord.

TOUS.

Vive le seigneur Aladin.

ACTE TROISIÈME

DIX-SEPTIÈME TABLEAU

Le lac des cygnes.

SCÈNE PREMIÈRE.

NÉRÉA, FÉES, SUJETTES DE NÉRÉA.

(Au lever du rideau, des cygnes sillonnent le lac en tous sens. Sur les côtés de la scène les sujettes de Néréa dansent ou chantent la lyre en main autour des fées.)

NÉRÉA.

Valse : *Du mari sans le savoir.*

Sous le rosier qui vous embaume
Chantez, dansez en liberté ;
Vous qui peuplez ce doux royaume
D'innocence et de chasteté.
Avec orgueil de votre ronde,
La reine ici conduit les chœurs
Dansez en paix loin du monde
Dont vous ignorez les douleurs.

CHŒUR.

Sous le rosier qui nous embaume, etc.

NÉRÉA.

Riez, enfants, car votre âme candide
Est un lac bleu que nul souffle ne ride
En ce pays jamais les roses
N'ont perdu leurs parfums exquis,
Pour l'éternité fleurs écloses,
Les lis jamais n'y sont flétris.

REPRISE DU CHŒUR.

Sous le rosier qui nous embaume, etc.

PREMIÈRE FÉE.

Ma sœur, votre royaume est charmant.

NÉRÉA.

J'y vis heureuse et tranquille, aimée de mes sujettes.

DEUXIÈME FÉE.

Mais je ne vois chez vous ni lutins, ni farfadets.

NÉRÉA.

Les farfadets et les lutins font partie de cet abominable sexe masculin, qui de tout temps a été proscrit de notre empire.

PREMIÈRE FÉE.

Ah! vraiment! mais alors expliquez-moi donc...

NÉRÉA.

Quoi, ma sœur ?

PREMIÈRE FÉE.

Je ne sais comment vous dire...

NÉRÉA, l'interrompant.

Je vous comprends et je vais satisfaire votre curiosité : Lorsqu'elle me fit souveraine de ce séjour d'où les hommes se trouvaient exclus, la reine des fées, pour peupler mon empire, me donna le droit d'assister à la naissance de toutes les jeunes filles et le pouvoir d'enlever aux plus jolies une partie de leur âme, la faculté d'aimer.

PREMIÈRE FÉE.

La plus précieuse de toutes, ma sœur.

NÉRÉA.

Cette flamme divine que je viens de dérober à l'enfant, je l'apporte dans mon royaume et je la renferme dans le corps de l'une de ces cygnes, symboles d'innocence et de pureté.

DEUXIÈME FÉE.

Mais cela ne suffit pas pour peupler les États.

NÉRÉA.

Attendez: si vingt années s'écoulent sans qu'un pouvoir supérieur au mien ait rendu à la jeune fille qui est demeurée sur terre, cette flamme d'amour que je lui ai ravie, l'enfant s'éteint tout doucement et, morte pour ceux qui l'entourent, elle renaît à la vie, et devient l'une de mes sujettes.

PREMIÈRE FÉE.

En sorte que chacun des beaux cygnes qui sillonnent ce lac est animé de la plus tendre flamme, du feu le plus divin.

NÉRÉA.

Et voilà qui explique clairement l'antique histoire de Léda et de son cygne, c'est l'amour que j'avais enlevé à Léda qui retournait vers elle sous l'enveloppe d'un cygne, et c'est son propre cœur qu'elle caressait en lui.

DEUXIÈME FÉE.

Ma sœur, je vous félicite de gouverner un empire aussi calme.

NÉRÉA.

Où les hommes ne pénètrent pas, l'ordre est facile à maintenir; à présent mes sœurs, continuons, si vous le voulez, la visite de mes États.

PREMIÈRE FÉE.

Volontiers.

REPRISE DU CHŒUR.

(Elles sortent.)

SCÈNE II.

LES FEMMES, ALADIN, BABA.

(Elles ont accompagné leur reine jusqu'au haut du théâtre, en exécutant des danses et des poses. Elles tournent le dos à la scène. Aladin et Baba sont entrés sans les voir et sans être vus.)

BABA, il aspire l'air bruyamment.

Hum! hum! ça sent bon ici.

ALADIN.

C'est vrai, on y respire comme un parfum de roses.

BABA.

Le pays est charmant; mais il manque d'habitants...

ALADIN.

D'habitants ? Regarde, voici les roses dont je parlais.

BABA.

Et de jolies et de très-jolies! Ventre saint-gris, comme disait Mahomet, je mettrais bien une de ces roses-là à ma boutonnière.

PREMIÈRE FEMME.

Ah! qu'est-ce que c'est que ça ?

BABA.

Comment ça ? ça ? Ça, adorables petites créatures mal élevées, ça c'est des hommes amoureux, spirituels beaux comme le jour.

LES FEMMES.

Des hommes!

CHŒUR.

Air : *L'amour, qué qu' c'est que ça.*

Des hommes qu'est cela ?
Mes sœurs, des hommes
Qu'est cela,
Dans ce beau pays où nous sommes
On n'a jamais vu d'hommes
Des hommes
Oui da,
Des hommes
Qu'est cela ?

DEUXIÈME FEMME.

Des hommes, est-ce que c'est des bêtes ?

BABA.

Il y en a.

TROISIÈME FEMME.

Vous dites?

BABA.

Comment! vous ne savez pas ce que c'est que des hommes?

TOUTES.

Non, non, non.

BABA.

Leur éducation a été bien négligée! Les hommes, mes petites chattes...

PREMIÈRE FEMME.

Chatte? comment chatte, nous ne sommes pas des chattes, nous sommes des femmes.

BABA.

Mais je dis mes petites chattes, comme je dirais mes petits loups, mes petites biches... Apprenez donc que les hommes sont des bêtes créées et mises au monde pour vous servir, vous adorer et faire toutes vos volontés.

DEUXIÈME FEMME.

Ah! mais, nous avons des bêtes bien plus belles que vous. Attrape.

ALADIN.

Et lesquelles, je vous prie?

DEUXIÈME FEMME.

Ces grand beaux cygnes blancs que vous voyez sur le lac.

BABA.

Comment! elles nous préfèrent ces grands moineaux-là? Oh! oh! les femmes ont-elles des idées.

Et ce sont là vos seuls compagnons?

TROISIÈME FEMME.

Sans doute.

BABA.

Dans quel pays sommes-nous donc?

TROISIÈME FEMME.

Dans le royaume de la fée Néréa.

ALADIN.

La fée Néréa! Tu entends, Baba, nous sommes arrivés au but de notre voyage. Et vous êtes?

PREMIÈRE FEMME.

Nous sommes ses sujettes.

Et il n'y a jamais eu d'homme ici.

DEUXIÈME FEMME.

Jamais!

BABA.

Alors qu'est-ce que vous faites entre vos repas.

PREMIÈRE FEMME.

Nous nous promenons, nous chassons, nous courons dans les bois.

BABA.

Y a-t-il des fraises dans vos bois?

DEUXIÈME FEMME.

Non... pourquoi ça?

BABA.

Ah! bien alors vous ne chantez donc jamais

Ah! qu'il fait donc bon (bis)
Cueillir la fraise, etc.

TROISIÈME FEMME.

Non, nous n'avons jamais chanté ça.

BABA.

Et vous êtes heureuses ici?... Il ne vous manque rien?

TOUTES LES FEMMES.

Absolument rien.

SCÈNE III.

LES MÊMES, LA FÉE NÉRÉA.

NÉRÉA.

Que vois-je?

TOUTES LES FEMMES.

Néréa!

BABA et ALADIN.

La reine.

NÉRÉA.

Des hommes ici, dans mes États, au milieu de mes sujettes. Téméraires, qui donc vous a conduits en ces lieux? (A ses femmes.) Et vous, retirez-vous, ne souillez pas plus longtemps vos regards de ce spectacle abominable.

BABA.

Elle nous reçoit sans enthousiasme, la reine.

NÉRÉA.

Parlez. Est-ce le hasard ou un mauvais génie qui a guidé vos pas jusqu'ici! nul mortel avant vous n'avait profané le sol de mon royaume.

ALADIN.

Puissante fée, je suis ici par ma volonté, et je te cherchais.

BABA.

Nous te cherchions.

NÉRÉA.

Qui es-tu donc?

ALADIN.

Je suis Aladin.

BABA.

Moi Baba... ne pas confondre avec le gâteau de ce nom. Baba, ma naissance est obscure, je ne suis rien, mais je suis le fils de mes œuvres.

NÉRÉA.

Que veux-tu de moi, Aladin?

ALADIN.

Air nouveau de M. DE GROOT.

J'ai mis tous mes rêves d'ivresse
Dans l'amour seul d'une princesse,
Mais j'appelle en vain sa tendresse
Car son âme, hélas! m'appartient;
A deux genoux je te supplie,
O rends-moi l'amour de ma mie!
Rends-moi son cœur ou prends le mien...

NÉRÉA.

Et quelle est cette princesse.

ALADIN.

La princesse Badroulboudour.

NÉRÉA.

L'âme la plus tendre de toutes mes sujettes!... et qui demain doit avoir seize ans, qui demain doit m'appartenir!... Jamais! Sors de ma présence, audacieux!

ALADIN.

Néréa!... Néréa... rends-moi son amour.

A ta colère je me livre,
Que m'importe après tout de vivre
Si celle dont l'amour m'enivre
Ne doit être jamais mon bien.
A deux genoux, je te supplie,
O rends-moi l'amour de ma mie!
Rends-moi son cœur ou prends le mien!

NÉRÉA.

Jamais! jamais, te dis-je! Retire-toi.

ALADIN.

Seras-tu inexorable, Néréa? (Il se jette à ses pieds) Je t'en supplie, je t'en conjure.

BABA, le relevant.

Assez de prières, Aladin. C'est à nous de commander.

NÉRÉA.

Tu prétendrais?

BABA.

Comment donc? Commandons, Aladin!

NÉRÉA.

Quoi! tu oses dire?

BABA, arrachant le talisman des mains d'Aladin.

Eh bien, oui, j'ose; mais si nous sommes gentils avec les femmes il ne faut pas pour ça qu'elles en abusent. (Montrant sa lampe.) Sais-tu que nous avons un talisman, et que par sa vertu, si je le voulais, moi Baba, fils de mes œuvres, je pourrais me faire aimer de toi, et que quand tu m'aimerais il faudrait bien que tu m'obéisses... et que tu lui rendisses...

NÉRÉA.

Insolent! (Elle rit.) Mais tu as perdu la raison.

BABA.

Ah! tu doutes. Eh bien, tiens, tiens, aime-moi et tout de suite. Je le veux, et follement encore. Couvre ma main de baisers passionnés. Passe-moi la main dans les cheveux et appelle-moi Mahomet. Tiens, mais ça n'a pas l'air de prendre. (Secouant le talisman.) Est-ce qu'il y a de l'eau dans la lampe?

NÉRÉA.

Apprends que ton talisman si puissant qu'il soit, ne saurait te faire aimer de moi. Les fées ne peuvent aimer que des génies supérieurs.

ALADIN.

Des génies supérieurs!... (Il prend à son tour la lampe des mains de Baba.) Eh bien, s'il en est ainsi, si un génie seul peut régner sur ton cœur, à moi, Mesrour?...

BABA.
A la boutique s'il vous plaît !...

SCÈNE IV.
Les Mêmes, LE GÉNIE.

LE GÉNIE.
Que me veux-tu Aladin?

NÉRÉA.
Mesrour!... le génie contre lequel j'ai toujours lutté!... dont j'ai repoussé l'amour!...

ALADIN.
Cet amour, tu l'accepteras aujourd'hui, Néréa.

NÉRÉA.
Jamais !...

BABA, la nargue en chantonnant.
Ah ! ah ! qu'en dis-tu? Tu nous prenais pour des sauteurs, pour des jongleurs, des marchands de crayons de Bagdad.

ALADIN, au génie.
Écoute, Mesrour.

LE GÉNIE.
Maître!

ALADIN.
J'ai prié, supplié Néréa de me rendre le cœur de Badroul-boudour, elle a résisté à mes prières, à mes larmes... Je veux que soumise à la loi, à ta volonté, son cœur cesse de lui appartenir! Je veux que subjuguée par ton pouvoir, elle tombe à tes pieds vaincue, je veux qu'elle t'aime! et qu'elle m'obéisse alors, comme tu m'obéis toi-même.

BABA.
Naturellement la femme doit obéissance au mari, comme a encore dit Mahomet : Allons-y : (Il frotte la lampe.)

NÉRÉA.
Non! jamais, jamais!

ALADIN.
Je le veux.

LE GÉNIE.
Néréa, cède à une volonté supérieure à la tienne. En vain tu essayerais de lutter. Toi qui m'as résisté jadis! Néréa! soumets-toi aujourd'hui.

NÉRÉA.
Non! non. (Le regardant comme dominée.) Ah !

DUO.
Air : *Du Trovatore* (Troisième acte).

Grâce, détourne ton courroux !...
Ce front sombre me glace !
Je te demande grâce !
Une fée est à tes genoux !
Par pitié! n'accomplis pas ta menace !
Par pitié, du fatal Mesrour
Ne m'impose pas l'amour !

ALADIN.
Rien ne peut ébranler ma volonté suprême,
Je priais tout à l'heure, et je pleurais moi-même.
Fière de ton empire,
Tu fus sourde à mes cris,
A mon tour de te dire :
Obéis ! obéis !

ENSEMBLE.

NÉRÉA.
Par pitié, du fatal Mesrour
Ne m'impose pas l'amour.

ALADIN.
Du fatal et sombre Mesrour
Je t'impose ici l'amour.

NÉRÉA, dominée par Mesrour.
Eh bien, oui, je suis soumise, dominée, vaincue, je t'appartiens, je t'aime, Mesrour!

BABA.
Allons donc! elle y est venue!

NÉRÉA.
Mais toi que j'aime, venge-moi de cet audacieux! qu'il meure ou du moins arrache-lui ce talisman qui nous met en son pouvoir!

ALADIN.
Et moi, je veux que tu commandes à cette fée de me rendre l'amour de ma bien-aimée.

LE GÉNIE.
Maître, je l'aime.

ALADIN.
Je le veux.

LE GÉNIE.
Maître, elle m'aime à son tour.

ALADIN.
Je le veux.

BABA.
Nous le veux... Non, je le voulons... Enfin, obéissez.

LE GÉNIE.
Obéissons, Néréa, il le faut. (Néréa, muette et dominée, remonte vers le fond.)

A la bonne heure, et franchement elle n'est pas à plaindre la fée, être la femme d'un grand génie. (Pendant cette réplique de Baba, les femmes sur un geste muet de Néréa sont revenues. Les cygnes couvrent le lac, un d'eux occupe le milieu.)

NÉRÉA, montrant ce cygne.
C'est dans le corps de celui-là qu'est renfermée cette partie de l'âme, cette faculté d'aimer que j'ai enlevée à Badroulboudour, Aladin, tu vas la recueillir... Adieu, pauvre cygne, adieu !... (Tous les cygnes qui l'entourent ont ouvert leurs ailes. Des femmes en sont sorties, elles entourent le cygne dont l'âme s'exhale. Une petite flamme voltige au-dessus de lui, et vient trouver Aladin qui la reçoit dans l'urne de diamant que lui a donnée Néréa.)

NÉRÉA.
Air : *Mort d'Eurydice* (ORPHÉE AUX ENFERS).

Que le ciel à notre prière
L'accueille dans un monde meilleur,
Et sois heureuse sur la terre,
Adieu, ma sœur.

ALADIN.
Viens, Baba! (Ils sortent.)

DIX-HUITIÈME TABLEAU
Une salle du palais d'Aladin

SCÈNE PREMIÈRE.
BABA, ALADIN.

BABA.
Ah! par Allah! l'admirable palais !

ALADIN.
Et c'est notre talisman, c'est notre chère lampe qui a créé cette merveille.

BABA.
Je suis encore tout ahuri de ce que je viens de voir! quels superbes appartements, quels jardins magnifiques, et jusqu'à cette petite salle, ce qui n'est pas malpropre!... Allons, décidément on est mieux ici que dans la boutique du brave tailleur, ton père, qui me faisait travailler vingt-cinq heures par jour.

ALADIN.
Bon, il n'y en a que vingt-quatre.

BABA.
Oui, mais comme il me faisait lever tous les matins une heure avant le jour, ça fait juste vingt-cinq.

ALADIN.
As-tu fait savoir à S. M. le schah, que j'étais prêt à le recevoir?...

BABA.
Oui, je lui ai écrit... j'ai envoyé un poulet au schah!

ALADIN.
Et il a promis de venir?

BABA.
Orné de toute sa cour... A propos, il nous en faut aussi, à nous, des courtisans, mais pas comme ceux du schah!... Ah! Dieu!... je les trouve trop adulateurs... tout ce que dit le schah est admirable pour eux, et quand il éternue, ils répondent tous : Je le jure!

ALADIN.
Nous aurons ce que tu voudras, Baba, je n'ai rien à te refuser... je suis le plus heureux des hommes... Je vais revoir ma bien-aimée. Et c'est à toi, chère petite lampe, que je dois ces richesses, et que je devrai bientôt le bonheur, aussi, est-ce toi la place d'honneur... (Il place la lampe sur une colonne.) Quel est ce bruit?

BABA.

C'est le schah, suivi du grand idiot, son ministre; du petit idiot le fils du dit, et de tous les idiots de la cour des susdits.

ALADIN.

Et Badroulboudour?

BABA.

Je ne la vois pas.

SCÈNE II.

LES MÊMES, LE SCHAH, BOU-SCHAIBA, SCHAIBA-BOU, COURTISANS.

(Ils entrent tous de dos à la queue leu-leu, par le côté droit, en examinant la pièce sans faire attention à Aladin et à Baba qui se confondent en salutations, et en tournant le dos aux spectateurs. Ils passent en revue les trois côtés de la scène et admirent en détail chaque partie de la décoration.)

CHŒUR.

Air : *Ah! le bel oiseau.*

Ah! le beau palais, vraiment!
La perle fine
Y domine.
Ah! le beau palais, vraiment!
C'est un logement
Charmant.

LE SCHAH.

Qu'est-ce auprès de sa splendeur,
Que mon porphyre et ma laque!

BABA.

Il regarde avec stupeur,
Quels regards notre schah braque!

REPRISE.

Ah! le beau palais, vraiment, etc.

LE SCHAH.

Cette salle est vraiment splendide...

TOUS, s'inclinant.

Splendide!

LE SCHAH.

Ces diamants sont de la plus belle eau.

TOUS, de même.

De la plus belle eau.

LE SCHAH.

Voici de magnifiques colonnes.

TOUS.

De magnif...

LE SCHAH.

Assez, vous me fatiguez, à la fin! Le premier qui répétera mes paroles sera pendu.

TOUS.

Sera pen...

LE SCHAH.

Hein!... (Profond silence.)

BABA.

Ils ne disent plus rien... (s'inclinant.) Seigneur!...

LE SCHAH, d'un ton de portier.

Qui demandez-vous?

BABA.

L' cordon si vous pl... (Se reprenant.) Bon, il m'embrouille avec son, qui demandez-vous de concierge... pardon... je ne me croyais pas auprès du schah, mais auprès de la porte.

LE SCHAH.

Tu dis?

BABA.

De la Sublime Porte.

ALADIN.

Seigneur, ne me reconnaissez-vous pas?

SCHAIBA-BOU.

Papa, c'est le petit Aladin, mon odieux rival.

BOU-SCHAIBA.

Ça l'est... chut!

LE SCHAH.

Attendez donc, attendez donc, vous êtes.

ALADIN.

Votre hôte Aladin.

LE SCHAH.

Aladin, l'heureux possesseur de cette merveille. (Aladin s'incline.) De ce palais, digne de notre admiration... (Regardant autour de lui.) Eh bien?... digne de notre admiration... ça ne va donc plus?

BOU-SCHAIBA.

Seigneur, vous avez arrêté qu'ils seraient pendus s'ils répétaient vos sacrées paroles.

LE SCHAH.

Je lève l'arrêté.

TOUS, avec force.

Admiration.

LE SCHAH.

Très-bien! ça me manquait... (A Bou-Schaiba.) Ministre, avez-vous jamais rien vu de comparable à cet incomparable palais?

BOU-SCHAIBA.

Jamais... tout est superbe.

SCHAIBA-BOU.

Sauf le parc... je préfère le mien.

BABA.

Le sien... Le parc aux huîtres, alors.

LE SCHAH.

Vous disiez donc, jeunes étrangers?

BABA.

Nous disions, mon bon Schah, que nous sommes vraiment désolés de n'avoir pas été prévenus de votre arrivée, nous serions allés vous présenter sur un plat d'or les clefs d'argent de ce palais, à la grille de fer du parc.

LE SCHAH.

Pas de cérémonies... vous m'enverrez seulement le plat d'or.

ALADIN.

Seigneur, est-il bien vrai que le mariage de la princesse Badroulboudour ait été rompu?...

LE SCHAH.

Rompu pour la cinquième fois... cela est vrai.

ALADIN.

Eh bien, seigneur, si vous consentiez à m'accorder la main de la princesse, ce n'est pas seulement ce palais que je lui offrirais, c'est le bonheur, c'est la vie, c'est une âme enfin que j'ai maintenant le pouvoir de lui donner.

SCHAIBA-BOU.

Qu'est-ce qu'il dit donc, papa?

BOU-SCHAIBA.

Rechut!... mon fils.

LE SCHAH.

Ce que je viens d'entendre, est-il bien possible?...

SCHAIBA-BOU, bas.

Papa!... Et mon mariage qui devait se renouer ces jours-ci?

BOU-SCHAIBA.

Il se renouera... le talisman que ce fourbe m'a dérobé est ici... le voilà... c'est cette lampe; je saurai m'en emparer.

LE SCHAH, à Aladin.

Venez, jeune homme; courons auprès de ma fille que j'ai laissée dans votre potager.

SCHAIBA-BOU.

Papa, rechipez-là tout de suite la lampe.

BOU-SCHAIBA.

Impossible!... celui qui touche à ce talisman dans le but de le soustraire, est puni de mort! mais une idée me vient, viens, viens...

LE SCHAH.

Allons, partons, mes amis, et continuons à admirer en chœur.

REPRISE DU CHŒUR.

Ah! le beau palais, vraiment, etc.

(Ils sortent.)

SCÈNE III.

BABA, puis GRUDINDOIE.

BABA.

Allez admirer, mes enfants, moi, je vais faire mes petites affaires. (Prenant la lampe qu'il se met à frotter.) A moi la Grudindoie! Grudindoie pour un, servez vite! (Grudindoie paraît.)

GRUDINDOIE.

Tiens! Comment donc se fait-il que je sois ici?... Je me croyais en train de manger des confitures... Je veux qu'on me rende mes confitures, na.

BABA.

Qu'elle est belle!... (A part.) Mais qu'elle est bête. (Haut.) Chère princesse, ne pourrais-je vous en tenir lieu... de confitures?

GRUDINDOIE.

Vous... (Elle rit bêtement.)

BABA.

Est-ce qu'on m'a mis du blanc dans le dos.

GRUDINDOIE.

Et comment ça?

BABA, avec prétention.

Par d'autres douceurs que je vous dirais. (A part.) Si elle avait de l'esprit, comme elle trouverait ça joli.

GRUDINDOIE.

En fait de douceurs, je n'aime que ce qui se mange, moi.

BABA, à part.

Elle est sur sa bouche... mais elle est si jolie... Princesse, voulez-vous me permettre de vous embrasser?

GRUDINDOIE.

Je veux bien.

BABA, l'embrasse.

Merci. Ah! je suis bien heureux de vous revoir. Et vous, avez-vous pensé à moi depuis mon départ?

GRUDINDOIE.

A vous?

BABA.

Mon image a-t-elle charmé tes rêves, oh! ma grue... oh! ma dinde... oh! mon oie!

GRUDINDOIE.

Non, pas du tout.

BABA.

Cette franchise me plaît! Voulez-vous me permettre de te rembrasser?

GRUDINDOIE.

Je veux bien... (Il l'embrasse.)

BABA.

Enfin, êtes-vous contente de mon retour? M'aimez-vous, chère dindie?

GRUDINDOIE.

Je vous aime comme tout le monde...

BABA.

Comment, comme tout le monde! comme tout le monde, et voilà une heure que je l'embrasse. Est-ce que vous vous laissez embrasser comme ça par tout le monde?

GRUDINDOIE.

Oh! non, tout le monde ne me le demande pas.

BABA, avec force.

Mais Grudindoie que vous êtes!... Allons, allons, allons... j'aurais dû vous rapporter de mes voyages quelque chose de plus nécessaire que des bijoux, et dont vous manquez totalement, ma chère.

GRUDINDOIE.

Et qu'est-ce que c'est qui me manque?

BABA.

Ce que c'est? Ce que nous appelons, en bon turc; de la jugeotte.

GRUDINDOIE.

De la jugeotte!

BABA.

Oui, de l'esprit, ma bonne.

GRUDINDOIE.

De l'esprit! ah! bien, vous êtes comme les autres, vous, mais j'en ai de l'esprit... j'en ai même beaucoup.

BABA.

Ah! bah!

GRUDINDOIE.

RONDEAU.

Air : Rondè de croquignole.

Vous prétendez que je suis bête,
J'en sais plus que vous ne croyez...
Je sais qu'on pense avec la tête,
Je sais qu'on marche avec les pieds.
Je sais que c'est l'eau qui vous mouille,
Qu'au feu nous devons nous sécher,
Et que l'exemple de Gribouille
N'est pas un exemple à prêcher;
Ce que j'observe, je le note :
C'est ainsi que j'ai constaté,
Que pendant l'hiver on grelotte
Et qu'on a bien plus chaud l'été.
Presque toujours la soif augmente
Le besoin de se rafraîchir;
Et lorsque la faim nous tourmente,
Alors, manger est un plaisir;
Quand un homme rit, je déclare
Qu'il est satisfait ou badin,
Et lorsqu'il pleure, il est bien rare
Qu'il n'ait pas un peu de chagrin.
Quelquefois mon père m'invite
A parler moins que je ne fais,
Pour ne plus parler, je profite
Du moment même où je me tais.

Si tout cela n'est que bêtise,
Si c'est à bon droit qu'on en rit,
Je désire que l'on me dise
Ce que pensent les gens d'esprit.

BABA.

Je ne vous l'expliquerai pas... j'aime mieux... Une idée... Mon ami Aladin est au comble de ses désirs, il faut lui demander la permission d'emporter la lampe pour que j'aille conquérir ce qui manque à mon amante, comme il a conquéri... non conquis ce qui manque à la sienne. C'est ça... allons trouver Aladin.

GRUDINDOIE.

Vous me quittez déjà?

BABA.

Déjà... tiens, déjà est gentil... bonne petite Grudindoie! va... Ah! si elle en avait seulement le quart de ce que j'en ai!...

GRUDINDOIE.

Mais de quoi?

BABA.

Soyez tranquille, ma princesse, vous en aurez, vous dis-je, pas autant que moi peut-être, mais vous en aurez beaucoup. Au revoir, princesse, au revoir. (Il sort en lui envoyant des baisers.)

SCÈNE IV.

GRUDINDOIE, seule.

Avec ça qu'ils ont de l'esprit!... je ne comprends jamais ce qu'ils disent et quant à ce qu'ils font, ça n'est pas déjà si spirituel!... par exemple, aller placer une vieille lampe sur un magnifique piédestal, au milieu d'une superbe galerie... c'est ça que je n'aurais pas fait, moi... c'est ce qui est joliment bête!...

UNE VOIX, dans la coulisse.

Des lampes, qu'est-ce qui veut des lampes.

GRUDINDOIE.

Tiens, un marchand qui passe. (Elle regarde par la fenêtre.) Ah! en voilà des belles lampes, par exemple!... mais elles doivent être joliment chères...

LA VOIX.

Qu'est-ce qui veut échanger des vieilles lampes contre des neuves?

GRUDINDOIE.

Échanger!... Ah! que c'est bon marché... voilà une occasion... Pstt! pstt!... Oui, moi, par ici!... montez, montez... Eh bien, nous allons voir si je suis bête.

SCÈNE V.

GRUDINDOIE, BOU-SCHAIBA, déguisé en marchand et portant des lampes de toutes sortes.

BOU-SCHAIBA.

C'est vous qui m'avez appelé, ma belle petite mignonne?

GRUDINDOIE.

Oui, c'est moi. Est-ce que c'est pour de bon, monsieur le marchand, ce que vous criez là tout à l'heure, que vous donnez des lampes neuves pour des vieilles?

BOU-SCHAIBA.

Oui, ma petite princesse.

GRUDINDOIE.

Et vous gagnez votre vie à ce commerce là?...

BOU-SCHAIBA.

Sans doute.

GRUDINDOIE.

Et comment?

BOU-SCHAIBA.

Je vais vous l'expliquer, et vous avez trop d'esprit pour ne pas me comprendre.

GRUDINDOIE.

Trop d'esprit! à la bonne heure; voilà un honnête homme.

BOU-SCHAIBA.

Voici mon système... Il est tout simple. J'ai remarqué, depuis longtemps le goût dépravé des habitants de ce royaume pour les antiquités. On fait fi des magnifiques objets que je fabrique et on se passionne pour tous les vieux bibelots. Alors je donne des lampes neuves pour des vieilles. Je garde ces vieilles lampes en moyenne de trois ou quatre cents ans, et je les vends alors à des prix fabuleux... Voilà!

GRUDINDOIE.

Oh! mais, c'est très-ingénieux... je comprends, très-bien... et on dit que je suis bête...

BOU-SCHAÏBA.
On a tort.

GRUDINDOIE.
Comme c'est simple, pourtant le commerce!...

BOU-SHAIBA.
Eh bien, ma petite demoiselle, faisons-nous une affaire ensemble?

GRUDINDOIE.
Oui, certainement... Tenez, il y a là une vilaine lampe toute sale... vous en avez une tout à fait pareille, mais bien plus neuve... voulez-vous me l'échanger contre celle-ci? (Elle montre une des lampes qu'a apportées Bou-Schaïba.)

BOU-SCHAÏBA.
Très-volontiers... (Il avance vivement la main vers la lampe qui est sur le piédestal.)

GRUDINDOIE, l'arrêtant.
Ah! mais, dites donc, je suis maligne, je veux faire une très-bonne affaire... Vous donnerez les mèches avec?

BOU-SCHAÏBA.
Les mèches avec... Tenez...

GRUDINDOIE.
Troc! ça y est... (Elle place la nouvelle lampe à la place de la vieille.) Il est refait, le marchand.

BOU-SCHAÏBA.
Je la tiens.

GRUDINDOIE.
Air : *Les Bavards*.

Je ne suis pas bête,
N'en croyez rien;
Ce coup de ma tête
Le prouve bien.

BOU-SCHAÏBA.
Ah! la bonne affaire!

GRUDINDOIE.
Dieu merci, ce trait-là suffit
Pour que l'on voie
Si la princesse Grudindoie
A de l'esprit!

BOU-SCHAÏBA.
Ah! la bonne affaire!

GRUDINDOIE.
Je ne suis pas bête,
C'est bien certain,
Ce coup de ma tête
Le prouve bien.

BOU-SCHAÏBA.
Ah! la bonne affaire!

BOU-SCHAÏBA.
Vite, mettons son pouvoir en œuvre. (Frottant la lampe.) Je veux que ce gênant paratonnerre s'absente à jamais de mon sein.

GRUDINDOIE.
Tiens, vous êtes encore là?

BOU-SCHAÏBA.
Oh! le miracle va s'opérer, comment va-t-il se séparer de moi?

GRUDINDOIE.
Qu'est-ce qu'il a donc?...

BOU-SCHAÏBA.
Je le sens qui s'agite... Par où va-t-il sortir?... Éloignez-vous, jeune fille...

GRUDINDOIE.
Pourquoi donc?

BOU-SHAIBA.
Ah!... (Le pal lui sort par la tête.) Ça va... ça va... sauvé. Essayons la souplesse dorsale... (Il salue à plusieurs reprises.) Ça va tout à fait bien... Et quant à cette lampe, je veux qu'elle accomplisse au rebours, tous les vœux que l'on formera en la frottant : Qui vient là... c'est Baba...

SCÈNE VI.

LES MÊMES, BABA.

BABA.
Aladin consent, et le schah me donne la main de Grudindoie, si je retrouve son esprit.

GRUDINDOIE.
Mon esprit... comment ça!

BABA, prenant la lampe.
Avec ceci, et sans le voyage que j'avais eu la naïveté de vouloir entreprendre.

BOU-SCHAÏBA, à part.
Qu'est-ce qu'il dit?...

GRUDINDOIE.
Comment, avec cela?

BABA.
Oui, un talisman, grâce auquel je pourrai accomplir les miracles les plus surprenants.

BOU-SCHAÏBA, à part.
Essaye... nous allons rire.

GRUDINDOIE.
Des miracles?...

BABA.
Les plus grands... Je veux vous donner de l'esprit.

GRUDINDOIE.
A moi?...

BABA.
Plus fort que ça... je pourrais vous rendre encore plus bête que vous n'êtes... Tenez je vais commencer par là... (Il frotte la lampe qu'il a été prendre sur la colonne.) Je veux que vous soyez tout à fait bête.

GRUDINDOIE.
Ah! mon Dieu, qu'éprouvé-je donc!

BABA.
Ça fait peut-être trop de bêtises pour une seule tête. Vous avez la migraine?

BOU-SCHAÏBA, à part.
Mais au contraire, la lampe obéit au rebours, il l'a rendue spirituelle.

GRUDINDOIE.
C'est étrange.

Air : *La femme dont le cœur rêve* (ORPHÉE).

C'est un voile qui s'abaisse
A mes yeux surpris,
C'est l'obscurité qui cesse
Devant mes esprits.
Les hommes me font connaître
Les défauts qu'ils ont,
Je vois ce qu'ils pourraient être
Je vois ce qu'ils sont.
Hélas! hélas!... pauvre Baba. (*bis*)
Combien vous perdez à cela.
Voici qu'à mes yeux tout change
Ce qui me plaisait,
Par un phénomène étrange,
Déjà me déplaît.
J'avais une joie extrême,
A vous regarder
J'avais du bonheur même
A vous écouter,
Hélas! hélas! pauvre Baba. (*bis*)
Combien vous perdez à cela.

BABA.
Tiens, je ne sais plus du tout où j'en suis. Allons consulter Aladin. (Il sort.)

GRUDINDOIE.
Oui, oui, allons retrouver mon père et ma sœur. (Elle sort.)

SCÈNE VII.

BOU-SCHAÏBA, seul.
Partez, et maintenant achevons ma vengeance... Je veux que ce palais soit détruit de fond en comble. (Il frotte la lampe.)

DIX-NEUVIÈME TABLEAU

Les ruines du palais d'Aladin.

SCÈNE PREMIÈRE.

BOU-SCHAÏBA, seul.
J'aperçois le jeune Aladin, qui erre au milieu de ces ruines... C'est le moment de ma vengeance... qui approche... Je veux jouir en paix de la confusion de mon ennemi.

SCÈNE II.

BOU-SCHAÏBA, ALADIN.

ALADIN, apercevant Bou-Schaïba.
Bou-Schaïba!

BOU-SCHAÏBA.
Moi-même, mon jeune ennemi, et je vous annonce que le schah va conduire en ces lieux la princesse Badroulboudour pour lui faire admirer votre magnifique palais et les innombrables richesses qu'il renferme. Eh! eh! eh!

ALADIN.
La princesse va se rendre en ces lieux, avez-vous dit?

BOU-SCHAÏBA.
Et je le réitère... elle y sera bientôt accompagnée de mon rejeton, son refutur mari.

Qu'elle vienne donc, et si pauvre, si misérable que je sois, moi que vous avez traîtreusement dépouillé de mon talisman. Je trouverai encore le moyen de me venger de vous et de mon odieux rival.

BOU-SCHAÏBA.

Ah! ah! ah! je demande à voir cela. Le schah!... et sa suite... allez, jeune ennemi!... vengez-vous ferme... je m'apprête à bien rire... tenez, je m'en tiens les côtes d'avance.

SCÈNE III.

Les Mêmes, LE SCHAH, BADROULBOUDOUR, SCHAÏBA-BOU, Suite.

LE SCHAH.

Par ici, ma fille, par ici, voilà où se trouve... où se trou... (Il regarde autour de lui.)

BOU-SCHAÏBA.

Vait.

LE SCHAH.

Comment : vait le palais?

BOU-SCHAÏBA.

Vous dites : où se trou... et j'ajoute... vait le palais, qui n'est plus que décombres... des combles au grenier.

LE SCHAH.

Se peut-il?

BOU-SCHAÏBA.

C'est bien moins beau qu'avant.

BADROULBOUDOUR.

Comment! cette merveille que tout le monde admirait...

ALADIN.

Cette merveille dont je voulais vous faire hommage, avec toutes les richesses qu'elle renfermait, cette merveille n'existe plus; mais il est un don mille fois plus précieux, que le pauvre Aladin, peut encore, dans sa détresse, offrir à celle qu'il cessera d'aimer bientôt, puisque bientôt il aura cessé de vivre.

BADROULBOUDOUR.

Quoi! vous voulez mourir!

BOU-SCHAÏBA, ému.

L'intention est louable, ne l'en détournons pas.

LE SCHAH, très-ému.

Pauvre jeune homme. (Changeant de ton.) Mais de quel cadeau parle-t-il?

ALADIN, sortant l'urne de son sein.

Dans cette urne de diamants se trouve une partie de votre âme.

BADROULBOUDOUR.

De mon âme?...

ALADIN.

C'est la fibre la plus tendre de votre cœur, c'est le plus pur de votre âme, c'est la faculté d'aimer que je vous rends. Dès que ce vase précieux... aura touché votre main, le feu sacré, le feu divin se répandra dans vos veines, et vous transformera tout entière. (Il s'agenouille et lui tend l'urne.) C'est par l'amour seul que vous devez connaître le bonheur... et je vous veux heureuse, vous que j'ai tant aimée.

Air : *Si j'étais roi.*

Adieu, vous que j'ai tant aimée,
Laissez-moi seul dans ma douleur,
Mon âme à l'espoir est fermée;
Mais je vous lègue le bonheur,
Mon cœur mourant vous rend le vôtre,
Donnez ce cœur à qui vous plaît.
Car même par l'amour d'un autre,
Vous voir heureuse est mon dernier souhait.

LE SCHAH.

Ce jeune homme m'émeut.

BADROULBOUDOUR, qui a pris l'urne en tremblant.

Heureuse par l'amour!... (Elle porte la main à son cœur.) Oui, oui... je sens en moi comme une vie nouvelle, mon cœur bat avec plus de force, tout ce qui m'entoure se pare de couleurs plus vives, c'est mon âme qui se développe, c'est mon cœur qui s'anime... attendez, il me semble qu'il parle.

SCHAÏBA-BOU.

Pour moi, papa?...

TOUS.

Il parle?...

BADROULBOUDOUR.

Oui, c'est un nom qu'il murmure.

SCHAÏBA-BOU.

Le mien, papa?

ALADIN, tristement.

Et ce nom?...

TOUS.

Ce nom?

SCÈNE IV.

Les Mêmes, GRUDINDOIE, BABA.

GRUDINDOIE, entrant avec Baba.

Attendez... toute bête que je suis, je comprends l'amour, et je vais vous dire ça...

BABA.

Elle va vous dire ça?...

Air : *Si j'étais roi.*

Ce nom que l'amour dans son âme,
En lettres d'or vient de tracer,
Ce nom, maintenant qu'elle est femme,
Elle hésite à le prononcer.
Aladin, ce nom est le vôtre,
Il vole à vous ce cœur qui naît,
Pourrait-il en aimer un autre?
Vous faire heureux est son premier souhait.

NÉRÉA, entrant sur les derniers mots.

L'amour est plus puissant que tous les talismans, Aladin, je te rends la richesse et le bonheur. (Aladin se jette aux genoux de Badroulboudour. — Changement.)

VINGTIÈME TABLEAU

Le palais de la fée Néréa.

FIN.

LAGNY. — Imprimerie de A. VARIGAULT.

www.ingramcontent.com/pod-product-compliance
Lightning Source LLC
Chambersburg PA
CBHW060620050426
42451CB00012B/2356